ROMANS

COLLECTION HETZEL.

CAUSERIES

par

ALEX. DUMAS.

UN DERNIER MOT SUR BÉRANGER. — DÉSIR ET POSSESSION.
LES COURSES D'EPSOM. — UNE MÈRE.
UN FAIT PERSONNEL. — LE CURÉ DE BOULOGNE.
A PROPOS D'UN PETIT MALHEUR.

Édition autorisée pour la Belgique et l'étranger.
Interdite pour la France.

VOYAGES

HISTOIRE

BRUXELLES,
OFFICE DE PUBLICITÉ,
Montagne de la Cour 39.
1858

POÉSIES

CAUSERIES.

BRUXELLES. — TYP. DE J. VANBUGGENHOUDT,
Rue de Schaerbeek, 12.

COLLECTION HETZEL.

CAUSERIES

PAR

ALEXANDRE DUMAS.

UN DERNIER MOT SUR BÉRANGER. — DÉSIR ET POSSESSION.
LES COURSES D'EPSOM. — UNE MÈRE.
UN FAIT PERSONNEL. — LE CURÉ DE BOULOGNE.
A PROPOS D'UN PETIT MALHEUR.

Édition autorisée pour la Belgique et l'étranger,
interdite pour la France.

BRUXELLES,

OFFICE DE PUBLICITÉ,

Montagne de la Cour, 39.

1857

UN DERNIER MOT SUR BÉRANGER.

I

Dans de précédentes *Causeries*, je vous ai raconté, chers lecteurs, la vie et les œuvres de Béranger, sa vie jusqu'au dénoûment suprême, ses œuvres jusqu'au dernier vers alors connu.

Nous savions que le poëte laissait un recueil de quatre-vingts chansons inédites, composées par lui de 1833 à 1851.

Ce recueil vient d'être publié, et, pour compléter notre consciencieuse étude sur le chansonnier populaire, nous allons, avec un soin pieux, mais aussi avec l'impartialité qu'on doit à cette grande renommée, examiner la valeur du legs qu'il a fait à la France.

Comme les enfants de chair de la vieillesse de l'homme sont les enfants bien-aimés de l'homme, cet enfant de l'esprit des derniers jours du poëte est l'enfant pour lequel le poëte craint le plus. Il le sent venu faible et tout grelotant de l'hiver pendant lequel il est né ; aussi, que de recommandations à son *cher Perrotin*, à son bon éditeur, qui a gagné un million avec lui et qui a bien voulu élever sa rente viagère de huit cents francs à douze cents !

Jugez-en.

Voici la lettre qui sert de préface à la préface de ce dernier-né, pauvre enfant posthume, orphelin du chansonnier, qui n'a plus que le libraire pour tuteur.

Il est vrai qu'il a la France pour mère adoptive, ce qui aurait pu, à la rigueur, lui suffire.

« Mon cher Perrotin,

» On ne saurait prendre trop de précautions : en vous cédant tous mes droits sur mes chansons imprimées et publiées par vous, — et je n'en reconnais pas d'autres que celles de l'édition in-18, — en vous cédant, dis-je, tous mes droits sur mes chansons, aujourd'hui et à toujours, je vous ai également cédé la propriété des chansons que je pourrais faire jusqu'à l'époque de ma mort, quel qu'en pût être le nombre. Voilà déjà quelques années que, pour prix d'acquisition, vous me servez une rente de *huit cents francs ;* cette rente viagère, vous avez voulu dernièrement la porter à *douze cents francs* : c'est le moins que moi, pour reconnaître tous vos bons procédés, je vous assure, par tous les moyens, la propriété, non-seulement des chansons publiées, mais encore des chansons que je fais encore de temps à autre.

» Sur le cahier où je les écris, j'ai eu soin de mettre : *Ce cahier appartient à M. Perrotin, conformément à l'acte passé sous seing privé entre lui et moi.* Ainsi, à ma mort, vous n'aurez qu'à le réclamer pour que ces chansons vous soient remises, de même que le peu de notes que j'ai pu faire sur les anciens volumes, notes intercalées dans un exemplaire de mes publications in-12 ; mais, comme des papiers peuvent disparaître et se perdre, je veux, quant aux chansons manuscrites, prendre encore une autre précaution. Je vous remets donc une copie, faite par moi, de ces chansons nouvelles, *et vous prie de les déposer entre les mains du notaire qui a votre confiance* et vous promets de vous envoyer celles que je pourrai faire par la suite, pour les ajouter à ce premier dépôt, afin qu'elles attendent là l'époque de ma mort, bien déterminé que je suis à n'en publier aucune désormais, *ainsi que le porte la convention faite entre nous*. Ayez donc bien soin, cher ami, *de les tenir sous triple cachet*, afin que personne n'en puisse prendre connaissance; s'il me vient des corrections à y faire, je les consignerai sur le cahier qui reste dans mes mains et les joindrai par *errata* aux envois subséquents que je vous adresserai... »

Ne vous semble-t-il pas voir une seconde édition de cette fameuse cassette en fer que M. Véron, afin de s'assurer les abonnés du *Constitutionnel*, annonçait avoir achetée dans le but de renfermer le manuscrit du *Juif errant* de notre pauvre Eugène Sue, *Juif errant* qui n'avait échappé que par miracle au bris de la première armoire où il avait été enfermé?

Béranger continue :

« Vous sentez que c'est dans votre seul intérêt et pour l'acquit de ma *conscience* que je prends tous ces soins, qui ne me sont pas ordinaires. *Il est juste que je vous assure la propriété exclusive* des chansons de ma vieillesse, qui n'auront peut-être d'autre mérite que de compléter les mémoires chantants de ma vie, mais qui auront au moins ce mérite... »

Il est vrai qu'il y a *conscience* de prendre tant

de peines pour douze cents francs de rente viagère, — quand Béranger, s'il n'eût pas fait le fameux *sous seing privé* dont il parle, pouvait vendre douze cents francs chacune de ses chansons !

» Vous concevez, poursuit le poëte, que, dans l'impression, il ne faudra point s'astreindre à l'ordre que j'établis ici ; — si cela m'est possible, j'indiquerai l'ordre dans lequel il faudra les publier. Ce que je vous demande, c'est que, dans le cas improbable où vous viendriez à mourir avant moi, le dépôt que vous ferez chez le notaire me soit remis sans rupture de cachet, vous promettant, de mon côté, de prendre tous les arrangements nécessaires pour assurer à vos héritiers la propriété de ces chansons. Il suffit, je crois, pour cela, que vous laissiez un mot de votre main qui ordonne que la remise du dépôt me soit faite. — Cette remise est nécessaire *pour que la publication n'ait pas lieu sans mon consentement*, dans le cas où votre fortune tomberait entre les mains d'un mineur.

» Pardonnez-moi de penser ainsi à tout, même aux circonstances les plus pénibles, *vous savez que cela est dans mon caractère*, — vous en aurez la preuve à ma mort ; car vous verrez que, dans mon testament, j'ai eu soin de faire mention de l'acte passé entre nous, qui vous donne la propriété de mes chansons imprimées ou manuscrites... »

Comment M. Perrotin accorde-t-il ces deux phrases dans la même lettre et à quinze lignes de distance :

« Vous sentez que c'est *dans votre seul intérêt et pour l'acquit de ma conscience* que je prends tous ces soins, *qui ne me sont pas ordinaires.* »

« Pardonnez-moi de penser ainsi à tout, même aux circonstances les plus pénibles, *vous savez que cela est dans mon caractère.* »

Ces deux phrases, nous l'avouerons, nous semblent quelque peu contradictoires; mais notre pauvre Béranger devait tant à son éditeur, que, emporté par la reconnaissance, il a pu un instant oublier cette suprême logique qui est le trait distinctif, à notre avis, de sa conduite et de son talent.

Béranger continue toujours :

« Comme je pense que vous garderez cette lettre, je suis bien aise de vous y donner un témoignage de ma gratitude pour vos procédés. — Vous êtes venu à mon secours dans un moment bien difficile, et je dois ajouter, pour ceux qui en ont été surpris, que, si je n'ai pas eu une plus grande part dans vos bénéfices, c'est que je n'ai pas trouvé cela juste, sachant pour combien votre industrie a été dans le succès de la grande édition. J'ai été, du reste, bien récompensé de ma conduite par celle que vous avez tenue envers moi. Recevez-en mes remercîments et l'assurance de toute mon amitié.

» A vous de cœur,

» P.-J. DE BÉRANGER.

» Tours, 5 septembre 1838. »

Pourquoi diable M. Perrotin nous donne-t-il connaissance de cette lettre toute d'affaires, disons plus, toute de ménage, faite pour être gardée, comme le dit l'illustre défunt, mais faite pour être imprimée, non? Elle nous donne la preuve de la grande amitié que le poëte portait à son éditeur: — Nous la connaissions déjà, cette amitié, par l'affiche de M. le préfet de police, qui lui donnait un caractère tout officiel. — Vous avez oublié cette affiche, chers lecteurs, ou vous ne la connaissez pas.

La voici :

PRÉFECTURE DE POLICE.

AVIS.

OBSÈQUES DE BÉRANGER

« La France vient de perdre son poëte national.

» Le gouvernement de l'empereur a voulu que

les honneurs publics fussent rendus à la mémoire de Béranger. Ce pieux hommage était dû au poëte dont les chants, consacrés au culte de la patrie, ont aidé à perpétuer dans le cœur du peuple le souvenir des gloires impériales.

» J'apprends que des hommes de parti ne voient dans cette triste solennité qu'une occasion de renouveler des désordres qui, dans d'autres temps, ont signalé de semblables cérémonies.

» Le gouvernement ne souffrira pas qu'une manifestation tumultueuse se substitue au deuil respectueux et patriotique qui doit présider aux funérailles de Béranger.

» D'un autre côté, la volonté du défunt s'est manifestée par ces touchantes paroles :

« Quant à mes obsèques, si vous pouvez éviter
» le bruit public, faites-le, je vous prie, MON CHER
» PERROTIN ; j'ai horreur, pour les amis que je
» perds, du bruit de la foule et des discours à leur
» enterrement. Si le mien peut se faire sans bruit,
» ce sera un de mes vœux accomplis. »

» Il a donc été résolu, d'accord avec l'exécuteur testamentaire, que le cortége funèbre se composera exclusivement des députations officielles et des personnes munies de lettres de convocation.

» J'invite la population à se conformer à ces prescriptions. Des mesures sont prises pour que la volonté du gouvernement et celle du défunt soient rigoureusement et religieusement respectées.

» Paris, 16 juillet 1857.

» Le sénateur, préfet de police,

» PIETRI. »

Oui, monsieur Perrotin, c'est une chose dite, c'est une chose sue, une chose convenue même, vous étiez l'ami, le bon ami, le *cher ami* de Béranger ; vous lui avez rendu de grands, d'énormes services; sans vous, notre poëte national serait mort de faim comme Malfilâtre, ou à l'hôpital comme Gilbert, nous le savons, Paris le sait, la France va le savoir, l'Europe le saura.

Vous aurez la croix, que n'a pas eue Béranger! vous serez de l'Académie, dont il n'a pas voulu être!

Maintenant, assez de commerce comme cela; passons à la chose d'art, c'est-à-dire à la préface.

II

Tout le monde a su, tout le monde a dit, tout le monde a répété, depuis vingt ans, que Béranger avait fait, ou plutôt faisait des mémoires.

Ces mémoires ont tourné en biographie.

La biographie a tourné en préface.

Mais, là, il faut reconnaître, comme toujours, le suprême bon sens, l'incomparable esprit de conduite de Béranger, — l'homme qui a mis autant de talent dans sa vie, autant de génie dans sa mort, qu'il en a mis dans ses œuvres; l'homme qui est arrivé à être su par cœur de Lamartine, qui n'avait pas lu de Musset.

Lisez avec moi ces quelques lignes; je vous ai cité, dans ma causerie sur le poëte, bien des chefs-d'œuvre en vers; — voici un chef-d'œuvre en prose.

« J'avais promis d'écrire des notices sur quelques-uns de mes contemporains morts ou vivants; j'ai fait plus : j'ai essayé ce travail, et plusieurs biographies ont été à peu près achevées.

» Mais bientôt, frappé de l'impossibilité d'être toujours suffisamment instruit et, par conséquent, toujours juste pour les hommes des différentes opinions, soit à raison du pêle-mêle des documents, soit à raison des retours possibles dans les existences non achevées, soit enfin par la faiblesse qu'inspire au peintre son attachement pour quelques-uns de ses modèles, j'ai renoncé à cette tâche pénible et détruit mes premières ébauches. — S'il est doux de casser des arrêts injustes en rectifiant des accusations erronées et trop sévères, combien n'y a-t-il pas à souffrir quand, pour être vrai, il faut diminuer le lustre d'une belle vie que la vertu ou une haute intelligence n'a pu préserver de toute faute, surtout si l'on est convaincu, comme je le suis, que détruire sans nécessité, et au jour le jour, les admirations du peuple, c'est travailler à sa démoralisation!... »

Grande et sublime vérité, ô poëte!

Tout peuple enthousiaste peut être encore un grand peuple; tout peuple sceptique est un peuple perdu! Aristophane, en attaquant Socrate, a plus démoralisé les Athéniens qu'Alcibiade en coupant la queue à son chien, et que Périclès en entretenant Aspasie.

C'est que Béranger avait très-bien compris une chose; car nul homme, sous une modestie apparente ou réelle, ne se rendait mieux compte que lui de la place considérable qu'il occupait, non-seulement dans l'affection, mais encore dans l'estime publique, — et ce qui prouve notre supériorité morale sur les Athéniens, qui proscrivirent Aristide au bout de dix ans, c'est que, au bout de quarante ans, nous ne nous sommes pas lassés d'entendre appeler Béranger *le Juste*.

Béranger avait donc très-bien compris que ses biographies, à lui, ne seraient pas confondues avec ces opuscules scandaleux qui vivent un jour pour faire vivre leur auteur une semaine : il savait que tout ce qui sortait de sa plume avait son poids plutôt exagéré qu'amoindri dans le plateau de la balance sociale. Il craignait que, là où il mettrait la justice, le public, lui, ne mît la sévérité.

Mais Béranger s'est bien gardé d'avouer, avant sa mort, cette renonciation à son travail biographique.

Béranger, ayant horreur du bruit, et surtout du bruit qui discute, ne craignait rien tant que d'être discuté poétiquement ou politiquement, pendant sa vie : il s'est toujours fait humble pour échapper à la critique; hysope, pour échapper au tonnerre; bon enfant à la manière de l'abeille, qui bâtit sa cellule et qui y distille son miel, il n'était point fâché qu'on dît de lui comme de l'abeille : « Ne l'irritez pas, il a un aiguillon ! »

Cet aiguillon avec lequel Béranger pouvait rendre au centuple le mal, non pas qu'on lui eût fait, Béranger était invulnérable, mais qu'on eût voulu lui faire, c'étaient ses biographies, faisceau d'épées qu'il laissa suspendu sur la tête de ses contemporains jusqu'au jour où il s'est moqué du bruit que l'on pouvait faire autour de lui, réfugié qu'il était dans l'asile à la porte duquel tout bruit s'éteint.

Voici comment Béranger parle lui-même de ce bruit qu'il craignait tant :

« De bonne heure, je me suis défendu du bruit, si contraire à mon humeur et à mes goûts ; certes, je n'aurais pas quitté tout à coup la carrière des lettres, s'il était donné à l'écrivain de faire deux parts de sa vie, — au public, ses ouvrages, — à lui, sa personne. J'aurais voulu dire presque comme Sosie : Un *moi* se promène dans la rue, où on le chante et où on l'applaudit, et l'autre *moi* le voit et l'entend de sa fenêtre sans être reconnu ni salué des passants ; mais cela n'est guère possible quand on se fait le champion des intérêts populaires, à une époque où la politique passe chaque jour en revue ses bataillons et donne le besoin de se connaître aux soldats comme aux chefs. »

Vous le voyez, ce n'est pas le bruit, ce n'est pas la renommée qui se fait autour de l'œuvre, que redoute Béranger ; non, de ce bruit, de cette renommée, il a toujours été assez friand, au contraire, le délicat gastronome qu'il était ; — non, ce qu'il craint, c'est le dérangement que le bruit et la renommée de la poésie causent au poëte ; — ce sont les cinquante lettres qu'il reçoit chaque matin et auxquelles il est obligé de répondre ; — ce sont les mille services qu'on lui demande et pour lesquels il lui faudrait, en supposant qu'il voulût les rendre, la richesse de Lucullus et la longévité du Juif errant ; — ce sont les ennemis que ce bruit et cette renommée vous font, de ceux à qui on n'a pas pu rendre service et surtout de ceux à qui on l'a rendu.

Il voudrait, Béranger vous le dit naïvement lui-même, il voudrait, d'une fenêtre, invisible derrière le rideau, se voir passer, s'entendre chanter et applaudir.

Je le crois bien ! ce serait tout simplement le paradis du poëte si cela pouvait être, s'il y avait un paradis sur la terre.

Mais ce désir de se voir passer, de s'entendre chanter et applaudir, n'a-t-il point, sans qu'il s'en doutât, entraîné le poëte un peu loin, lui qui n'a voulu être ni le courtisan de l'empereur, c'est-à-dire du génie, ni le courtisan des Bourbons de la branche aînée, c'est-à-dire de la légitimité, ni le courtisan de la branche cadette, c'est-à-dire de l'usurpation, ni le courtisan de la République, c'est-à-dire du principe démocratique? n'a-t-il pas été quelque peu le courtisan de la popularité? n'est-ce pas à une popularité permanente qu'il a sacrifié la fortune, c'est-à-dire une jouissance; la position sociale, c'est-à-dire une vanité; une position politique, c'est-à-dire un devoir.

Béranger, donnant sa démission de représentant du peuple, en 1848, ressemble bien à Horace jetant son bouclier à la bataille de Philippes.

Lui-même le sent, car il s'en disculpe dans

un des meilleurs couplets de son nouveau volume :

« Dirige le char de la République ! »
M'ont crié des fous, sages d'à présent.
Qui? Moi ! m'atteler au joug politique,
Lorsqu'il faut un aide à mon pas pesant?
Ai-je à tel labeur force qui réponde?
Qu'en dis-tu, bâton las de me porter?
Tu gémirais trop de voir ajouter
Au poids de mon corps tout le poids d'un monde !

Cela est vrai au point de vue de la philosophie épicurienne; mais ce n'est point vrai au point de vue du devoir social.

C'étaient des vieillards, et des vieillards à barbe blanche, ces sénateurs romains que les Gaulois crurent de marbre comme leur fauteuil, et dont le plus impatient donna à l'un de ses vainqueurs le coup de bâton d'ivoire qui amena leur mort sur la chaise curule même où ils avaient l'honneur de siéger.

Et, en effet, examinez l'œuvre immense et si remarquable de Béranger. — Dans cette œuvre, il est toujours en harmonie avec l'esprit public; il ne le précède pas, l'accompagne à peine, le suit presque toujours.

En 1812, la France se désaffectionne de Napoléon.

Béranger fait le *Roi d'Yvetot* et le *Mort vivant*, — critique légère, mais critique du gouvernement napoléonien.

Avec cet admirable instinct qui ne le quitte jamais, Béranger sent que Napoléon, tyran en 1812, ogre de Corse en 1814, sera martyr en 1820, — dieu en 1825.

Alors viennent les chansons contre les Bourbons impopulaires et les odes pour Napoléon, dont la popularité grandit.

C'est en ce moment qu'il est facile de voir combien souvent cette voix du peuple, qu'on appelle la voix de Dieu, est injuste.

En 1826, quatre poëtes existent : deux qui appartiennent à l'opinion légitimiste, deux qui appartiennent à l'opposition.

Les deux poëtes légitimistes sont Victor Hugo et Lamartine.

Les deux poëtes de l'opposition sont Béranger et Delavigne.

Tout ce que font Béranger et Delavigne est accepté, adopté, loué; leur poésie, c'est l'arche sainte à laquelle on ne saurait toucher sans être frappé de mort, et la majorité maudira l'impie.

Tout ce que fait Lamartine ou Victor Hugo est attaqué, dépecé, raillé; on peut déchiqueter leurs vers, les parodier, les traîner dans le ruisseau, et la majorité applaudira le vengeur.

C'est que Lamartine et Hugo, il faut le dire, ne répondaient alors qu'à des besoins de poésie individuels, — la vraie poésie, au reste, —tandis que Béranger et Casimir Delavigne répondaient aux besoins des masses, c'est-à-dire à la réaction contre Waterloo.

Quand l'esprit d'un peuple est dans cette disposition, il lui faut des années pour que chaque génie reprenne son équilibre.

De 1820 à 1830, toute chanson de Béranger est attendue, prônée, fêtée; — en 1830, l'esprit change : Béranger se tait; — en 1833, le gouvernement du juste-milieu se dépopularise : Béranger fait paraître son volume de chansons; — mais, cette fois, il se trompe : il n'est plus saint Jean l'Évangéliste; il est saint Jean Précurseur, — et il est puni de sa précipitation à attaquer l'homme qui ne tombera que quinze ans après, par l'indifférence, disons mieux, par l'injustice du public, qui déclare inférieur à ses devanciers ce volume, qui, à notre avis, est le point culminant du talent de Béranger.

Aussi, à partir de ce moment, prend-il la résolution de se taire.

C'est Rossini gardant le silence après *Moïse* et *Guillaume Tell*.

Voici ce que dit Béranger, qui cherche un prétexte à son silence :

« Nous vivons sous un régime de grande publicité. — De ses immenses avantages doivent résulter quelques inconvénients. — Chacun prend droit, par exemple, d'imprimer vos lettres sans votre assentiment [1]. On fait, de mémoire, et même sans vous avoir vu, votre portrait et votre buste, pour le livrer en étalage aux regards des badauds. Enfin, avez-vous un journaliste pour ami, celui-ci, trouvant en vous matière à feuilleton, vous dépèce en colonne et vous vend à tant la ligne. Si bien que la personne du pauvre auteur, sa vie intime, ses plus douces habitudes, arrivent en peu de temps à la connaissance des oisifs, quand même on a pris, comme je l'ai fait depuis le commencement de ma réputation, la précaution d'éviter les spectacles, les réunions nombreuses ; grâce à ces révélations multipliées, plus de promenades assez retirées pour ne pas y rencontrer quelque doigt indiscret, qui vous désigne à des regards curieux. Votre renom est depuis longtemps évanoui, que le doigt perfide vous poursuit encore.

» Cette manière de voir, — que l'on n'en fasse pas honneur à la philosophie, — je ne la dois qu'à

[1] Témoin madame Collet ; mais c'est la faute de Béranger. Pourquoi, par politesse, par courtoisie, écrit-il des lettres qu'il peut regretter, un jour, de voir imprimer ?

mon amour de l'indépendance ; elle fera comprendre qu'il y a eu du bonheur pour moi à cesser, depuis 1833, d'occuper de moi le public. A ce sujet, et sous le rapport politique, quelques personnes m'ont blâmé, attaqué même. J'ai entendu traiter mon silence de félonie. Je ne sais si des gens qui n'avaient pas pu se faire acheter n'ont pas été jusqu'à dire que je m'étais vendu. A de si plaisantes accusations, j'aurais rougi de répondre ; mais à la jeunesse qui m'a comblé de témoignages de sympathie, et dont la bienveillance enthousiaste eût volontiers considéré le silence du chansonnier comme Mirabeau celui de Sieyès, j'ai dû expliquer les motifs de ma conduite, et l'âge me fournirait déjà une excuse suffisante ; mes raisons se trouvent, d'ailleurs, exposées dans des correspondances particulières ; je me contenterai d'en rapporter quelques-unes, en faisant observer que je vais parler ici uniquement de la chanson politique.

» La chanson politique est sans doute une arme redoutable ; mais la pointe s'en émousse vite et ne se retrempe que dans le repos. Tous les moments ne lui sont pas également bons, et, pour qu'elle intervienne à point, il faut qu'elle ait à choisir entre deux camps bien distincts ou des passions fortes. La Ligue et la Fronde l'ont prouvé de reste. Après les noëls contre la cour de Louis XV et de Louis XVI, au commencement de notre immortelle révolution, en présence des étrangers et du royalisme en armes, elle produisit des refrains de colère et de triomphe. Le Directoire ressembla trop à une anarchie, surtout vers la fin, pour n'avoir pas été en butte à quelques-uns de ses traits. Avec toutes les factions, la chanson fut contrainte de se taire sous l'Empire; elle ne put même alors être louangeuse sans un visa de la police. Les héros ne sont pas ceux qui la redoutent le moins. Voyez comment Turenne la traitait dans la personne de Bussy-Rabutin, exilé plus tard par Louis XIV, pour d'assez médiocres couplets. — Ce n'est point à moi de dire combien les deux règnes de la Restauration lui furent favorables en dépit des juges et des geôliers. A la chute de la branche aînée des Bourbons, je prédis que la chanson arriverait à un temps de repos. »

C'était facile à prévoir, et un moins lucide prophète l'eût annoncé.

Comment cela? Nous allons le dire.

III

Il y a, à la suite de tout revirement politique dans le genre de celui de 1830, une période réactionnaire pendant laquelle les intérêts matériels l'emportent sur la nationalité, les appétits honteux sur les nobles passions; pendant cette période-là, — et Louis-Philippe en fut un exemple, — tout ce que fait le gouvernement qui caresse ces intérêts et qui soûle ces appétits est bien fait; les actes de ce gouvernement, fussent-ils visiblement illégaux, tyranniques, immoraux, sont des actes sauveurs; on les approuve, on les loue; — on fait du bruit autour du pouvoir, comme ces prêtres de Cybèle, qui battaient des cymbales autour du berceau de Jupiter. — Pendant cette période, la seule chose que craigne la masse qui, vivant de cette réaction, a tout intérêt de la soutenir, c'est que le jour ne se fasse sur ce Pandémonium, c'est que la lumière ne pénètre dans cette sentine où se heurtent, se pressent, se bousculent, avec un bruit d'argent qui dénonce l'œuvre qu'ils y opèrent, les agioteurs, les gens de bourse, les tripoteurs d'écus, les froisseurs de papiers.

Cette période est plus ou moins longue, et, nous le répétons, — tant qu'elle dure, tant que l'élément honnête, pur, élevé de la nation n'a pas repris le dessus, — il n'y a rien à dire, rien à faire, rien à espérer; tout est applaudi, tout est ratifié, tout est glorifié d'avance! On dirait que cette grande âme populaire qui, de temps en temps, vient ranimer les nations et leur faire tenter de grandes choses, s'est évanouie, est remontée au ciel, est allée enfin on ne sait où... Les esprits inférieurs désespèrent de la voir revenir jamais; les esprits supérieurs seuls, c'est-à-dire ceux qui participent à son essence, savent qu'elle vit toujours, ayant en eux une étincelle de cette âme divine, que l'on croit éteinte, et ils attendent son retour le sourire aux lèvres, la sérénité sur le front.

Alors, peu à peu, ils assistent à ce phénomène politique.

Sans cause apparente, sans qu'il s'écarte de la route qu'il a suivie, et peut-être par cela même qu'il continue de la suivre, ce gouvernement, qui ne peut pas perdre la considération qu'il n'a jamais eue, perd la popularité factice qu'il avait: ceux-là mêmes dont il a fait la fortune, dont il a récompensé la coopération, s'éloignent de lui peu à peu, et, sans le renier encore tout à fait, commencent déjà à douter de sa stabilité. A partir de cette heure, ce gouvernement est condamné; de même que l'on approuvait ce qu'il faisait de mal, on critique même ce que, par hasard, il fait de bien.

La corruption, qui est sa moelle, va du centre aux extrémités, sèche la séve fatale qui lui avait fait étendre sur tout un peuple des rameaux comme ceux de l'upas, une ombre pareille à celle du mancenillier. Dans cette atmosphère où, pendant cinq, dix, quinze, vingt ans, il a répandu cette impure émanation qu'on a respirée parmi les autres éléments de l'air, passe quelque chose d'hostile : c'est le retour de la masse à la probité sociale, à la conscience politique ; c'est cette âme de la nation enfin que l'on croyait évanouie, remontée au ciel, allée je ne sais où, et qui revient animer le grand corps populaire qu'elle avait un instant abandonné à une léthargie que les peuples environnants, jaloux et, par conséquent, ennemis, s'étaient hâtés de proclamer la mort.

Alors, ce gouvernement, par le seul retour de la masse à l'honnêteté, semble un vaisseau qui a perdu son aire ; il trébuche, il chancelle, il ne sait plus où il va ; il a résisté à quinze ans de tempêtes et d'orages, il sombre sous une bourrasque. — Il était devenu plus fort par des 5 et 6 juin, des 13 et 14 avril, et il tombe devant un 24 février.

Ce gouvernement, le présage de sa chute, c'est lorsque les hommes de cœur et d'intelligence refusent de s'y rallier, ou que ceux qui s'y étaient ralliés par faiblesse ou par erreur s'en éloignent par dégoût ; cet éloignement ne veut pas dire qu'il tombera le lendemain, dans un an, dans dix ans ; cela veut dire qu'il tombera un jour, qu'il tombera tout seul, et que, pour qu'il tombe, la conscience publique n'aura qu'à le pousser du doigt !

Oui, Béranger a eu raison de ne rien publier de 1835 à 1843 ; mais nous croyons, qu'à partir de 1843, il eût pu faire et publier de nouvelles chansons, et qu'au milieu des procès Teste et des assassinats Praslin, ces chansons eussent pu avoir le succès des chansons de 1828, en leur supposant une valeur égale.

Maintenant, les chansons de la vieillesse de Béranger ont-elles une valeur égale à celles de sa jeunesse et à celle de son âge mûr?

C'est que nous aurons à examiner tout à l'heure. — J'ai assez loué, Dieu merci, le volume de 1833 pour n'être pas accusé, je l'espère, de dénigrer celui de 1857.

Mais, comme nous voulons juger le poëte à son point de vue, mettons sous les yeux de nos lecteurs sa théorie nouvelle, à l'endroit de ses nouvelles chansons.

C'est Béranger qui parle :

« Si l'on s'occupe un jour de mes derniers vers, on y reconnaîtra l'homme qui, autrefois, osa entrer en lutte avec un pouvoir imposé par l'étranger, un peu modifié sans doute, mais aussi plus à l'aise dans cette liberté morale que la retraite seule peut procurer. Si les regards du public sont d'abord un encouragement pour l'écrivain, à la longue ils lui deviennent une gêne : il semble qu'il y ait des engagements pris avec lui auxquels le maître impérieux ne permet pas qu'on échappe. — Vous a-t-il applaudi sous tel costume, ne vous avisez pas d'en changer, même pour être mieux. — Il feindra de ne pas me reconnaître; il m'a comblé de ses faveurs, et j'en suis reconnaissant : toutefois, comme chansonnier, ne voulant plus avoir affaire à lui qu'après ma mort, j'ai cru pouvoir me dégager un peu des formes rhythmiques auxquelles je me soumettais pour lui plaire et dans l'intérêt de la cause que j'ai défendue. On s'en apercevra à l'absence d'un choix d'air pour beaucoup de ces dernières chansons ; ce qui ne m'a pas empêché de les chanter souvent sur des airs improvisés d'une voix chevrotante. — Surtout on remarquera que j'ai fait moins usage du refrain obligé, dont, jusque-là, je n'avais point osé m'affranchir, ayant observé que, sans ce retour des mêmes paroles, la chanson avait moins d'empire sur l'oreille et sur l'esprit des auditeurs. Combien de peines, mon Dieu ! le refrain ne m'a-t-il pas données ! Combien de nuits passées à ramer pour venir rattacher à cet immobile poteau ma pauvre nacelle, qui n'eût pas demandé mieux que de voguer en liberté au gré de tous les vents ! Je dois le reconnaître pourtant : si j'ai eu à souffrir de cette servitude, elle n'a pas été sans avantage pour moi. Avec raison, j'ai dit, du refrain, qu'il était le frère de la rime : comme elle, il m'a forcé à résumer mes idées d'une manière plus succincte et à mieux en approfondir l'expression.

» Ces courtes observations prouveront que,

plein de respect pour le public, j'ai toujours cherché à lui complaire, me livrant pour cela au travail le plus consciencieux. Dans les chansons de ma vieillesse, il pourra se convaincre qu'au moins, sous ce rapport, l'âge ne m'a rien fait négliger. »

Le nouveau volume de chansons que Béranger annonce dans cette éloquente préface, remarquable en certains endroits par la hauteur de sa pensée, remarquable partout par son bon sens, est divisé en six périodes :

De 1834 à 1838, — de 1838 à 1841, — de 1841 à 1843, — de 1843 à 1844, — de 1844 à 1847, — de 1847 à 1851.

IV

La première période contient vingt et une chansons. — Sur ces vingt et une chansons, sept sont consacrées à la gloire du premier empereur.

C'est le tiers.

Mais que l'on n'oublie pas que cette époque est celle où l'on s'occupe le plus de Napoléon en France.

Son fils, le duc de Reischtadt, meurt à Schœnbrünn.

Louis-Philippe rend sa statue à la colonne et rêve de rendre ses cendres à la France.

Horace Vernet, par l'ordre du gouvernement, peuple la grande galerie de Versailles de Napoléon, vu de profil, de trois quarts, de face, de dos, à pied et à cheval !

Le prince Louis frappe aux portes de Strasbourg...

Comme toujours, Béranger se met à la suite de l'opinion publique.

La chanson par laquelle s'ouvre ce recueil de vers est intitulée : *Plus de vers*. Il semble que le poëte demande l'indulgence pour ce qu'on va lire.

Et cependant, cette chanson est une des mieux réussies de cette première période.

La voici :

PLUS DE VERS.

Non, plus de vers ! quelque amour qui m'anime,
La règle et l'art m'échappent à la fois.
Un écolier sait mieux coudre la rime
Au bout du vers mesuré sur ses doigts.
Devant le ciel, lorsque tout haut je cause
Avec mon cœur, au fond des bois déserts,
L'écho des bois ne me répond qu'en prose.
Dieu ne veut plus que je fasse de vers.

Dieu ne veut plus ; et, comme aux fins d'automne,
Le villageois, dans ses clos dépouillés,
Regarde encor si l'arbre en sa couronne
Ne cache pas quelques fruits oubliés,

Je vais cherchant ! Pour cela je m'éveille ;
Mais l'arbre est mort, fatigué des hivers :
Qu'il manquera de fruits à ma corbeille !
Dieu ne veut plus que je fasse de vers.

Dieu ne veut plus ; et, pourtant, dans mon âme,
J'entends sa voix dire au peuple craintif :
« Lève ton front, peuple ! je te proclame
De la couronne héritier présomptif ! »
Il dit, et moi, — joyeux de prescience,
Lorsque j'allais, par de nouveaux concerts,
Peuple dauphin, t'instruire à la clémence,
Dieu ne veut plus que je fasse de vers.

Vous le voyez, la forme est toujours belle, le rhythme facile, la rime riche. Le poëte a mis une certaine coquetterie à faire la meilleure chanson de son recueil, peut-être, en prenant pour refrain :

« Dieu ne veut plus que je fasse de vers. »

Mais, cet anathème de Dieu, on serait tenté d'y croire lorsqu'on lit ces sept chansons à la gloire de l'empereur !

LE BAPTÊME.

PREMIER CORSE.

Nous voilà sujets de la France,
Qui nous envoie un gouverneur.

Y gagnera-t-elle en puissance?
Y gagnerons-nous en bonheur?

DEUXIÈME CORSE.

De ce toit, vois d'ici le maître,
Bonaparte, ami des Français;
Tandis qu'il aide à leur succès,
Un second fils lui vient de naître.

PREMIER CORSE.

Dans toute l'île une fête a donc lieu?

DEUXIÈME CORSE.

D'être à la France on y rend grâce à Dieu.

PREMIER CORSE.

On dispose ainsi de la Corse,
Sans nous dire : « Y consentez-vous? »
La règle des rois, c'est la force
Ont-ils parlé, peuple, à genoux!

DEUXIÈME CORSE.

Dieu le veut, comme il veut la joie
De ces époux qu'on vient fêter.
A l'église, on va présenter
L'enfant qu'à leur cœur il envoie.

PREMIER CORSE.

Où va la foule au pied de ce rempart?

DEUXIÈME CORSE.

Voir de la France arborer l'étendard.

PREMIER CORSE.

Sur nous qu'avait opprimés Gènes,
Un autre joug va donc peser!
Ce n'est pas à changer de chaînes
Que l'on apprend à les briser.

DEUXIÈME CORSE.

Voilà le baptême qui sonne,
Le cortége part triomphant;
Ce fils n'est pas leur seul enfant;
D'où vient tout l'espoir qu'il leur donne?

PREMIER CORSE.

Par le canon, quoi! ce jour est fêté!

DEUXIÈME CORSE.

Il sera cher à la postérité...

PREMIER CORSE.

« La Corse étonnera le monde, »
A dit un ami de nos droits.
Mais, s'il faut qu'un roi la féconde,
Qu'enfantera-t-elle ? Des rois.

DEUXIÈME CORSE.

La mère, dame honnête et bonne,
Sur son lit, le front incliné,
Par le jour où son fils est né,
Le recommande à la Madone.

PREMIER CORSE.

Les chants français troublent ville et faubourgs.

DEUXIÈME CORSE.

D'exploits futurs, ces chants parlent toujours.

Il est inutile d'aller plus loin.

Vous voyez la distance qui existe entre cette espèce de cantate et le *Dieu des bonnes gens*, *Mon âme* et la *Grand'mère*.

Pour Béranger, le *placer* impérial est épuisé. Il s'y acharne; mais, comme le mineur qui, ayant trouvé un splendide filon, s'acharne à ne pas l'abandonner.

V

On a fort attaqué ce dernier recueil de Béranger; on l'a trouvé — relativement — d'une grande faiblesse; et l'on a eu raison. Mais nous soutenons que ce n'est point l'âge qui, chez Béranger, cause cet affaiblissement; et la preuve, c'est que c'est dans la période de 1847 à 1851 que se trouvent les meilleures chansons du recueil, c'est-à-dire quand Béranger traverse sa soixante-huitième, sa soixante-neuvième et sa soixante et dixième année, c'est-à-dire ses trois dernières années de production.

Le secret de cet affaiblissement, à notre avis, Béranger nous le livre par ces mots :

« Si l'on s'occupe un jour de mes derniers vers, on y reconnaîtra l'homme qui, autrefois, osa entrer en lutte avec un pouvoir imposé par l'étranger, un peu modifié sans doute, mais aussi plus à l'aise dans cette liberté morale que *la retraite seule* peut procurer. »

Oui, Béranger était *en retraite*, Béranger avait quitté Paris, Béranger habitait la province.

Eh bien, en province, Béranger échappait à ces effluves magnétiques qui émanent de ce grand centre que l'on appelle Paris. Il y a un certain nombre d'idées, et surtout les idées *actuelles*, que l'on respire en quelque sorte avec l'air du boulevard ; il y a une certaine électricité qui se dégage des amis que nous coudoyons, et qui alimente notre foyer ; il y a certaines sources qui aboutissent à nous et qui empêchent notre réservoir de se tarir. — Échappant au frottement quotidien du premier-Paris, de la nouvelle, du canard même, le génie se rouille, la verve s'endort, la forme s'alanguit. Peu à peu, le murmure des ruisseaux, la vue des arbres, le chant des oiseaux attirent le poëte à l'idylle ; de satirique, il devient contemplatif... Juvénal tourne au Théocrite.

C'est ce qui arrive à Béranger. Ses chansons les plus faibles sont celles de sa retraite, celles où il ne s'astreint plus *au refrain*, celles *où il ne rame plus toute une nuit pour venir rattacher sa pauvre nacelle à cet immobile poteau*, — phrase charmante qui tout à la fois exprime et peint la pensée.

Et, cependant, au milieu de tout cela, que de ravissants petits poëmes, s'ils n'étaient point signés de ce nom habitué à ne signer que des chefs-d'œuvre !

Il y a dans la publication posthume de M. Perrotin quatre ou cinq chansons éminemment remarquables.

Nous en avons cité une, c'est la première. La seconde est intitulée *l'Histoire d'une idée.* Elle appartient à la période de 1847 à 1851.

C'est avec une joie filiale que nous avons salué cette enfant de la vieillesse du poëte, que l'on dirait une des plus pimpantes filles de son âge mûr.

HISTOIRE D'UNE IDÉE.

Idée, idée, éveille-toi.
Vite, éveille-toi, Dieu t'appelle.
Sommeillait-elle au front d'un roi ?
Au front d'un pape dormait-elle ?

CHOEUR DE BOURGEOIS.

« Une idée a frappé chez nous !
Fermons notre porte aux verrous. »

D'un tribun ou d'un courtisan
Est-ce l'ouvrage ou la trouvaille ?
Non, fille d'un simple artisan,
Elle a vu le jour sur la paille.

CHOEUR DE BOURGEOIS.

« Une idée a frappé chez nous !
Fermons notre porte aux verrous. »

« Quoi ! toujours, s'écrie un bourgeois,
Des prétentions mal fondées !
Pour l'émeute encore une voix !
Nous n'avons eu que trop d'idées. »

CHOEUR DE BOURGEOIS.

« Une idée a frappé chez nous !
Fermons notre porte aux verrous. »

De l'Institut les souverains
Disent : « Sachez, petite fille,
Que nous ne servons de parrains
Qu'aux enfants de notre famille. »

CHOEUR DE BOURGEOIS.

« Une idée a frappé chez nous !
Fermons notre porte aux verrous. »

Un philosophe crie : « Eh quoi !
Quelqu'un a cru, cervelle folle,
D'une idée accoucher sans moi ;
Il n'en sort que de mon école. »

CHOEUR DE BOURGEOIS.

« Une idée a frappé chez nous !
Fermons notre porte aux verrous. »

Un prêtre dit : « Siècle de fer,
Ce qui naît de toi m'épouvante ;
Ton idée est fille d'enfer.
Si Dieu créa, le diable invente. »

CHOEUR DE BOURGEOIS.

« Une idée a frappé chez nous !
Fermons notre porte aux verrous. »

Un charlatan, qui vient la voir,
L'escamote, fuit, et répète :
« Sans tambour qui peut le savoir ?
Qui peut le savoir sans trompette? »

CHOEUR DE BOURGEOIS.

« Une idée a frappé chez nous !
Fermons notre porte aux verrous. »

Mais, malgré trompette et tambour :
« Cette idée est sans doute ancienne, »
Se dit chacun, et tour à tour
Chacun lui préfère la sienne.

CHOEUR DE BOURGEOIS.

« Une idée a frappé chez nous !
Fermons notre porte aux verrous. »

Pauvre idée ! enfin un Anglais
L'achète, et le sir britannique
A Londres lui donne un palais,
En criant : « C'est ma fille unique ! »

CHOEUR DE BOURGEOIS.

« Une idée a frappé chez nous !
Fermons notre porte aux verrous. »

En France, avec le père intrus
Elle accourt. Que d'or elle apporte !
Du fisc les valets malotrus
Vite au nez lui ferment la porte.

CHOEUR DE BOURGEOIS.

« Une idée a frappé chez nous !
Fermons notre porte aux verrous. »

Mais en fraude admise à la cour,
Comme Anglaise, on lui rend justice.
Son vrai père, le même jour,
Pauvre et fou mourait à l'hospice.

CHOEUR DE BOURGEOIS.

« Une idée a frappé chez nous !
Fermons notre porte aux verrous. »

On le sent, l'idée qui préoccupe éternellement Béranger, c'est qu'il vieillit et qu'en vieillissant, sa verve s'en va, son génie s'évapore, son étoile pâlit.

Il a tort : c'est dans sa dernière période, nous le répétons, — c'est-à-dire de 1847 à 1851, quand il est rentré dans Paris, quand il s'est remis en contact avec le monde, quand il retrouve la main électrique de la société tendue vers lui à chaque pas, — c'est alors qu'il rentre dans un crépuscule doux comme son aurore, quelquefois brillant comme son midi.

Vous venez de lire l'*Histoire d'une idée*, qui appartient à sa façon critique.

Voici le *Septuagénaire*, qui rentre dans le cercle de ses chansons intimes et qui rappelle son meilleur temps.

LE SEPTUAGÉNAIRE.

Me voilà septuagénaire,
Beau titre, mais lourd à porter.
Amis, ce titre qu'on vénère,
Nul de vous n'ose le chanter.
Tout en respectant la vieillesse,
J'ai bien étudié les vieux.

Ah ! que les vieux
Sont ennuyeux !

Malgré moi j'en grossis l'espèce.
    Ah ! que les vieux
    Sont ennuyeux !
Ne rien faire est ce qu'ils font mieux.

Ce mot n'est pas pour vous, mesdames :
A vos traits seuls l'âge fait tort.
L'amour persiste au cœur des femmes ;
Il y sommeille ou fait le mort.
Connaisseuses comme vous l'êtes,
Tout bas vous dites : « Fi des vieux ! »

    Ah ! que les vieux
    Sont ennuyeux !
Ils s'en vont sans payer leurs dettes.
    Ah ! que les vieux
    Sont ennuyeux !
Ne rien faire est ce qu'ils font mieux.

Que de plaisirs un vieux condamne !
Au progrès il met son *veto* :
« Ne renversez pas ma tisane ;
Ne dérangez pas mon loto. »
Tous ils ont peur qu'un nouveau monde
N'enterre leur monde trop vieux.

    Ah ! que les vieux
    Sont ennuyeux !
Le ciel sourit : le vieillard gronde.
    Ah ! que les vieux
    Sont ennuyeux !
Ne rien faire est ce qu'ils font mieux.

Arracheurs de dents politiques,
Nos hommes d'État, vieux hâbleurs,
Prétendent guérir les coliques
Qu'ils provoquent chez les trembleurs !
Ils nous traitent à leur idée :
Régime et drogues, tout est vieux.

Ah ! que les vieux
Sont ennuyeux !
France, ils te font vieille et ridée.
Ah ! que les vieux
Sont ennuyeux !
Ne rien faire est ce qu'ils font mieux.

L'empereur, s'il régnait encore,
Canon par le temps encloué,
Faible et démentant son aurore,
Aujourd'hui serait bafoué.
Mieux vaut mourir gloire proscrite :
Dieu reprend le génie aux vieux.

Ah ! que les vieux
Sont ennuyeux !
Voyez Corneille et *Pertharite*.
Ah ! que les vieux
Sont ennuyeux !
Ne rien faire est ce qu'ils font mieux.

Du siècle entier Dieu nous préserve !
Que de sottises en cent ans !
Amis, moi, j'ai perdu ma verve :
Plus de couplets gais et chantants.

Pour compléter cette satire,
Le souffle manque au pauvre vieux.

Ah! que les vieux
Sont ennuyeux!
Ici, du moins, on peut en rire.
Ah! que les vieux
Sont ennuyeux!
Ne rien faire est ce qu'ils font mieux.

La lampe va s'éteindre; — mais, vous le voyez, elle jette en mourant, sinon une de ses plus ardentes, du moins une de ses plus mélancoliques lueurs.

VI

Disons un mot d'une chanson qui me donne raison complète dans la polémique qui commence cette étude, — lorsque je dis que Béranger est un épicurien qui a arrangé sa vie d'avance et qui déteste tout ce qui contrarie son plan.

La révolution de 1848 arrive. — Béranger ne comptait pas dessus; si quelqu'une de ses chansons la prévoit, c'est vaguement, dans un avenir terne et éloigné.

Elle arrive.

On le nomme représentant du peuple. Il s'effraye

et résigne son mandat, malgré l'insistance de l'Assemblée nationale, qui sent que c'est une grande popularité et, par conséquent, une grande force qui lui fait défaut à l'heure des périls.

La seule chose qui le frappe dans cette révolution, qui consacre le plus grand principe qu'une révolution ait jamais consacré, — le vote universel, immense progrès sur 1789, — c'est le bruit des tambours.

Ni l'affranchissement du domestique, qui redevient homme; ni l'ennoblissement du soldat, qui redevient citoyen, ne lui paraissent dignes d'être constatés dans un vers.

Mais ces tambours, ces maudits tambours qui battent sans cesse, qui le font tressaillir lorsqu'il rêve, qui l'éveillent en sursaut quand il dort, — oh! les tambours maudits!

Tambours, cessez votre musique,
Rendez la paix à mon réduit,
J'aime peu votre politique,
Et moins encor j'aime le bruit.
Terreur des nuits, trouble des jours,
Tambours, tambours, tambours, tambours,
M'étourdirez-vous donc toujours?
Tambours, tambours, maudits tambours!

Grâce à vos roulements stupides,
Ma vieille muse en désarroi

Retrouve des ailes rapides,
Mais c'est pour s'enfuir loin de moi.
Terreur des nuits, trouble des jours,
Tambours, tambours, tambours, tambours,
M'étourdirez-vous donc toujours?
Tambours, tambours, maudits tambours!

Quand la nappe ici se déploie,
Qu'on y fait trêve aux noirs frissons,
Gronde un rappel, — adieu la joie!
Il redouble, — adieu les chansons!
Terreur des nuits, trouble des jours,
Tambours, tambours, tambours, tambours,
M'étourdirez-vous donc toujours?
Tambours, tambours, maudits tambours!

Sous l'empire, ils ont fait merveille;
J'ai vu ces racoleurs puissants
Du génie assourdir l'oreille,
Étouffer la voix du bon sens.
Terreur des nuits, trouble des jours,
Tambours, tambours, tambours, tambours,
M'étourdirez-vous donc toujours?
Tambours, tambours, maudits tambours!

Celui qu'à régner Dieu condamne,
S'il veut faire en grand son métier,
Sait combien il faut de peaux d'âne
Pour abrutir le monde entier.
Terreur...

Hein ! j'espère qu'il retrouve sa verve pour maudire, notre Béranger !

Tout à l'heure, il va retrouver toute sa poésie pour mourir.

Sa dernière chanson est un chef-d'œuvre de tristesse et de mélancolie. Jamais fils pieux n'a trouvé plus tendres et plus doux accents pour dire à sa mère l'adieu éternel.

Jugez-en :

ADIEU.

France, je meurs ! — je meurs, tout me l'annonce.
Mère adorée, — adieu ! Que ton saint nom
Soit le dernier que ma bouche prononce.
Aucun Français t'aima-t-il plus ? Oh ! non.
Je t'ai chantée avant de savoir lire,
Et, quand la mort me tient sous son épieu,
En te chantant, mon dernier souffle expire.
A tant d'amour donne une larme. — Adieu !

Lorsque dix rois, dans leur triomphe impie,
Poussaient leurs chars sur ton corps mutilé,
De leurs bandeaux j'ai fait de la charpie
Pour ta blessure, où mon baume a coulé...

Arrêtons-nous pour dire que nous venons de citer quatre des plus beaux vers que Béranger ait faits.

Maintenant, continuons :

Le ciel rendit ta ruine féconde ;
De te bénir les siècles auront lieu;
Car ta pensée ensemence le monde.
L'égalité fera sa gerbe. — Adieu !

Nous aurions dû ne nous interrompre qu'ici ; — les quatre derniers vers de ce couplet valent bien les quatre premiers.

Demi-couché, je me vois dans la tombe,
Ah ! viens en aide à tous ceux que j'aimais.
Tu le dois, France, à la pauvre colombe
Qui, dans ton champ, ne butina jamais.
Pour qu'à tes fils arrive ma prière,
Lorsque déjà j'entends la voix de Dieu,
De mon tombeau j'ai soutenu la pierre;
Mon bras se lasse ; elle retombe. — Adieu !

C'est son dernier cri ; ce dernier cri poussé, le poëte meurt.

Maintenant, ce dernier volume ajoute-t-il à la gloire poétique de Béranger ?

Non, — mais il la complète.

Béranger était placé comme poëte aussi haut qu'il pouvait l'être ; mais il lui manquait ce qui fait de l'arc-en-ciel une chose véritablement céleste :

à sa fin, les quelques nuages de son commencement.

Donnons à Béranger la place qu'il se donne lui-même.

Il s'est débattu sous l'accusation de faire des odes: il a eu raison.

Comme poëte pindarique, il avait deux rivaux terribles, je ne dirai pas à dépasser, mais à atteindre : Lamartine et Victor Hugo.

Comme chansonnier, il avait Désaugiers à faire oublier; voilà tout. — Désaugiers oublié, il était maître et roi.

Roi d'un royaume inférieur. Mais rappelez-vous ce mot de César, traversant un village des Alpes :

« J'aime mieux être le premier ici que le second dans Rome. »

Béranger, avec son immense bon sens, avec son irréprochable civisme, avec sa conduite stoïque, a droit, au reste, en France, à quelque chose de mieux qu'une royauté.

Nous avons eu soixante et dix ou soixante et douze rois en France, et nous avons dix ou douze grands poëtes.

Mettons-le au rang de ces dix ou douze grands poëtes, et répétons-nous bien que, en même temps qu'il fut un grand poëte, il fut un grand citoyen.

Quelques-uns diront peut-être que Béranger a posé pour la pauvreté, pour le désintéressement et pour la nationalité.

Répondons que l'homme qui pose soixante-seize ans ou soixante-dix-sept ans pour les trois vertus les plus rares de nos jours, mérite bien, s'il ne les avait pas, que l'on croie qu'il les avait.

DÉSIR ET POSSESSION.

La mode des charades est passée. — Oh ! le beau temps pour les poëtes sphynx que celui où le *Mercure* apportait, tous les mois, tous les quinze jours, et enfin toutes les semaines, une charade, une énigme ou un logogriphe à ses lecteurs !

Eh bien, moi, je vais faire revenir cette mode.

Dites-moi donc, cher lecteur ou belle lectrice, — c'est pour l'esprit perspicace des lectrices surtout que sont faites les charades, — dites-moi de quelle langue est tiré l'apologue suivant.

Est-ce du sanscrit, de l'égyptien, du chinois, du phénicien, du grec, de l'étrusque, du romain, du gaulois, du goth, de l'arabe, de l'italien, de l'anglais, de l'allemand, de l'espagnol, du français ou du basque?

Remonte-t-il à l'antiquité, et est-il signé Anacréon? — Est-il gothique, et est-il signé Charles d'Orléans?— Est-il moderne, et est-il signé Gœthe, Thomas Moore ou Lamartine? — Ou plutôt, ne serait-il pas de Saadi, le poëte des perles, des roses et des rossignols? — Ou bien?...

Mais ce n'est pas mon affaire de deviner; c'est la vôtre.

Devinez donc, cher lecteur.

Voici l'apologue en question :

*
* *

Un papillon avait réuni sur ses ailes d'opale la plus suave harmonie de couleurs : le blanc, le rose et le bleu.

Comme un rayon de soleil, il voltigeait de fleurs en fleurs, et, pareil lui-même à une fleur volante, il s'élevait, s'abaissait, se jouait au-dessus de la verte prairie.

Un enfant qui essayait ses premiers pas sur le

gazon diapré, le vit, et se sentit pris tout à coup du désir d'attraper l'insecte aux vives couleurs.

Mais le papillon était habitué à ces sortes de désirs-là. — Il avait vu des générations entières s'épuiser à le poursuivre. Il voltigea devant l'enfant, se posant à deux pas de lui; et, quand l'enfant, ralentissant sa course, retenant son haleine, étendait la main pour le prendre, le papillon s'enlevait et recommençait son vol inégal et éblouissant.

L'enfant ne se lassait pas ; l'enfant suivait toujours.

Après chaque tentative avortée, au lieu de s'éteindre, le désir de la possession s'augmentait dans son cœur, et, d'un pas de plus en plus rapide, l'œil de plus en plus ardent, il courait après le beau papillon !

*
* *

Le pauvre enfant avait couru sans regarder derrière lui ; de sorte qu'ayant couru longtemps, il était déjà bien loin de sa mère.

De la vallée fraîche et fleurie, le papillon passa dans une plaine aride et semée de ronces.

L'enfant le suivit dans cette plaine.

Et, quoique la distance fût déjà longue et la course rapide, l'enfant, ne sentant point sa fatigue, suivait toujours le papillon, qui, se posait de dix pas en dix pas, tantôt sur un buisson, tantôt sur un arbuste, tantôt sur une simple fleur sauvage et sans nom, et qui toujours s'envolait au moment où le jeune homme croyait le tenir.

Car, en le poursuivant, l'enfant était devenu jeune homme.

Et avec cet insurmontable désir de la jeunesse, et avec cet indéfinissable besoin de la possession, il poursuivait toujours le brillant mirage.

Et, de temps en temps, le papillon s'arrêtait comme pour se moquer du jeune homme, plongeait voluptueusement sa trompe dans le calice des fleurs, et battait amoureusement des ailes.

Mais, au moment où le jeune homme s'approchait, haletant d'espérance, le papillon se laissait aller à la brise, et la brise l'emportait, léger comme un parfum.

*
* *

Et ainsi se passaient, dans cette poursuite insensée, les minutes et les minutes, les heures et les heures, les jours et les jours, les années et les années, et l'insecte et l'homme étaient arrivés au sommet d'une montagne qui n'était autre que le point culminant de la vie.

En poursuivant le papillon, l'adolescent s'était fait homme.

Là, l'homme s'arrêta un instant, ne sachant pas s'il ne serait pas mieux pour lui de revenir en arrière, tant ce versant de montagne qui lui restait à descendre lui paraissait aride.

Puis, au bas de la montagne, — au contraire de l'autre côté, où, dans de charmants parterres, dans de riches enclos, dans des parcs verdoyants, poussaient des fleurs parfumées, des plantes rares, des arbres chargés de fruits, — au bas de la montagne, disons-nous, s'étendait un grand espace carré fermé de murs, dans lequel on entrait par une porte incessamment ouverte, et où il ne poussait que des pierres, les unes couchées, les autres debout.

Mais le papillon vint voltiger, plus brillant que jamais, aux yeux de l'homme, et prit sa direction vers l'enclos, suivant la pente de la montagne.

Et, chose étrange! quoiqu'une si longue course eût dû fatiguer le vieillard, — car, à ses cheveux blanchissants, on pouvait reconnaître pour tel l'insensé coureur, — sa marche, à mesure qu'il avançait, devenait plus rapide; ce qui ne pouvait s'expliquer que par la déclivité de la montagne.

Et le papillon se tenait à égale distance; seulement, comme les fleurs avaient disparu, l'insecte se posait sur des chardons piquants, ou sur des branches d'arbre desséchées.

Le vieillard, haletant, le poursuivait toujours.

*
* *

Enfin, le papillon passa par-dessus les murs du triste enclos, et le vieillard le suivit, entrant par la porte.

Mais à peine eût-il fait quelques pas, que, regardant le papillon, qui semblait se fondre dans l'atmosphère grisâtre, il heurta une pierre et tomba.

Trois fois il essaya de se relever, et retomba trois fois.

Et, ne pouvant plus courir après sa chimère, il se contenta de lui tendre les bras.

Alors, le papillon sembla avoir pitié de lui, et, quoiqu'il eût perdu ses plus vives couleurs, il vint voltiger au-dessus de sa tête.

Peut-être n'étaient-ce point les ailes de l'insecte qui avaient perdu leurs vives couleurs; peut-être étaient-ce les yeux du vieillard qui s'affaiblissaient.

Les cercles décrits par le papillon devinrent de plus en plus étroits; et il finit par se reposer sur le front pâle du mourant.

Dans un dernier effort, celui-ci leva le bras, et

sa main toucha enfin le bout des ailes de ce papillon, objet de tant de désirs et de tant de fatigues ; mais, ô désillusion ! il s'aperçut que c'était, non pas un papillon, mais un rayon de soleil qu'il avait poursuivi.

Et son bras retomba froid et sans force, et son dernier soupir fit tressaillir l'atmosphère qui pesait sur ce champ de mort...

*
* *

Et cependant, poursuis, ô poëte, poursuis ton désir effréné de l'idéal ; cherche, à travers des douleurs infinies, à atteindre ce fantôme aux mille couleurs qui fuit incessamment devant toi, dût ton cœur se briser, dût ta vie s'éteindre, dût ton dernier soupir s'exhaler au moment où ta main le touchera !

LES COURSES D'EPSOM.

I

J'avais traversé la Manche dans l'intention, ou, si vous voulez, sous le prétexte d'aller voir les courses d'Epsom, et je m'étais embarqué un lundi pour revenir le samedi suivant,—moyen à peu près sûr de ne point passer de dimanche à Londres.

Je savais, depuis mon premier voyage en Angleterre, — et il remonte à quelque chose comme vingt-quatre ans, — ce que c'était que les dimanches à Londres.

Oh! chers lecteurs, ne le sachez jamais!

Le dimanche, tout est défendu à Londres; quand je dis à Londres, je dis en Angleterre; quand je dis en Angleterre, je dis dans les possessions anglaises.

A Southampton, un barbier fut condamné à deux mille cinq cents francs d'amende pour avoir fait une barbe; à Guernesey, une aubergiste fut condamnée à cent francs pour avoir vendu un verre de gin.

On sait les émeutes que causa, il y a deux ans, à Hyde park, cette observance exagérée du dimanche.

A Londres, après avoir travaillé six jours de la semaine, on ne se repose pas le septième, non, on s'ennuie; car les sabbatariens auront beau dire, l'ennui n'est pas le repos.

En Angleterre, la vie s'éteint le dimanche; le dimanche est un jour retranché de la semaine, cinquante-quatre jours retranchés de l'année; deux ou trois mille jours retranchés de la vie.

Le dimanche, à Londres, donne une idée assez juste de ce qu'était la principauté de la Belle au bois dormant avant que la princesse fût réveillée.

De temps en temps, on entend un psaume, ce qui n'égaye pas plus celui qui l'entend que celui qui le chante.

A mon avant-dernier voyage, j'étais, par mégarde, arrivé un samedi, et, le soir, je causais avec mon hôte, M. Nind, homme de beaucoup d'esprit, de cette exigence presbytérienne, me vantant de savoir tout ce que les Anglais pouvaient faire, ou plutôt pouvaient ne pas faire, pour célébrer le jour dominical.

M. Nind avait secoué la tête et s'était contenté de dire :

— Oh ! nao, vous ne savez pas.

Et, comme j'insistais :

— Moa, je conduirai vous demain chez mon frère.

— A quelle heure ?

— A trois heures.

Cela m'allait à merveille ; au reste, j'étais sûr de ne pas trop m'ennuyer ce dimanche-là : je comptais le consacrer tout entier à écrire une petite pièce qui a été jouée depuis, et qui se joue même encore au Gymnase sous le titre de l'*Invitation à la valse*.

J'en étais à ma septième ou huitième scène, lorsque M. Nind entra.

— Venez-vous ? me dit-il.

— Où cela ? demandai-je.

J'avais complétement oublié le rendez-vous pris.

— Chez mon frère.

— Ah ! c'est vrai.

Je me levai, je pris mon chapeau et je suivis M. Nind.

Nous montâmes dans un cab.

Il a été question d'empêcher les cabs de marcher le dimanche, comme on a empêché la poste de fonctionner; mais les partisans de la locomotion l'ont emporté.

Nous nous arrêtâmes dans Piccadilly.

M. Nind frappa à une porte.

Le domestique qui nous ouvrit parut d'abord fort inquiet; sans aucun doute croyait-il que nous venions faire une visite à son maître, et que cette visite pouvait le déranger de ses devoirs du dimanche.

Mais M. Nind le rassura en lui disant qu'il ne s'agissait pour le moment de rien autre chose que de faire voir à un Français la cour de la maison.

Le domestique nous laissa passer.

Nous entrâmes dans la cour.

Ma curiosité, je l'avoue, était vivement excitée.

Je regardai tout autour de moi; cette cour n'avait rien de particulier, sinon qu'au milieu de la cour il y avait un coq sous une cage.

M. Nind me montra le coq du doigt.

Je crus que ce coq était une curiosité, un coq à deux têtes ou à quatre pattes.

Point : c'était un simple coq de basse-cour; huit ou dix poules coquetaient en tournant autour de la cage, tandis que le coq, d'un air triste, les regardait faire.

— Eh bien? demandai-je à M. Nind.

— Eh bien, répondit-il, vous ne voyez pas?

— Si fait, je vois un coq; mais ce coq n'a rien de particulier, si ce n'est qu'il me paraît légèrement attaqué du spleen.

— Non, c'est le dimanche qui le rend triste.

— Comment, c'est le dimanche?

— Ne voyez-vous pas que le malheureux coq est sous une cage, et que de là vient sa tristesse?

— Sans doute, ce n'est pas amusant d'être sous une cage; mais pourquoi est-il sous une cage?

— Je vous l'ai dit, parce que c'est aujourd'hui dimanche, et que le coq de mon frère ne doit pas plus pécher le dimanche qne mon frère ne pèche lui-même!

Si vous doutez de la vérité de l'anecdote, renseignez-vous auprès de M. Nind, Leicester square, Sablonnière hôtel.

Cette fois, j'avais donc soigneusement évité le dimanche anglican, et, étant parti de Paris le lundi au soir, j'étais arrivé à Londres le mardi matin, c'est-à-dire la veille des courses d'Epsom, but avoué de mon voyage.

Je dis le *but avoué*, parce que le but secret, le vrai but, pouvait bien être tout simplement d'acheter quelques porcelaines.

Il faut vous dire, chers lecteurs, qu'après les porcelaines du Japon et de Chine, ce que j'aime le mieux, — ne pouvant pas emplir d'or les tasses à café de Sèvres, — c'est la porcelaine anglaise.

L'Anglais, le peuple le moins artiste et le plus industriel, — je dis *industriel* et non pas *industrieux*, — et le plus industriel du monde, arrive presque à l'art à force d'industrie.

Joignez à cela une espèce de confort qui signale tout ce qui sort des fabriques anglaises, et qui donne aux choses leur mérite spécial.

Paris en a pu juger à la dernière exposition : toutes ces splendides porcelaines anglaises, à fleurs peintes ou en relief, ont été enlevées en un clin d'œil.

Personne, comme les Anglais, ne fait ces grands et magnifiques vases de toilette qui semblent des baignoires d'enfant.

Aussi, toutes les fois que j'ai été à Londres, en ai-je rapporté quelque cuvette large comme un bassin, quelque lampe de verre de Bohême qui semble taillée dans l'opale.

Cette fois-ci, à peine arrivé, je demandai à l'un de mes amis, pianiste et compositeur d'un grand talent, nommé Engel, de me conduire dans un des plus beaux magasins de Londres.

Il me conduisit droit chez Daniel, New-Bond street, 129, au coin de la rue de Grosvenor.

Trois étages d'une maison immense sont encombrés de porcelaines destinées à tous les usages, de toutes les formes, de toutes les dimensions, disposées pour tous les goûts.

J'étais au second, passant en revue les trésors que renferme cet étage, demandant le prix de chaque objet, lorsque le maître de la maison, occupé près de clients arrivés avant moi, monta rapidement l'escalier, et adressa en anglais quelques mots au commis qui s'était chargé de me piloter, puis redescendit aussi précipitamment qu'il avait monté.

Il me sembla, au milieu de ces quelques mots, comprendre ceux-ci : « Ne dites point les prix. »

Je m'informai auprès du commis.

J'avais parfaitement entendu.

— Pourquoi M. Daniel défend-il qu'on me dise les prix des objets que je marchande?

— Je ne sais, monsieur.

Je continuai d'examiner les objets sans demander davantage les prix.

Je crus que, dans son excentricité nationale, M. Daniel ne voulait rien vendre à un Français.

Cinq minutes après, il remontait avec un registre à la main.

— Monsieur, lui demandai-je, auriez-vous l'obligeance de m'expliquer pourquoi il est défendu à votre commis de me dire le prix des objets que renferme votre magasin?

— Parce que votre prix, à vous, monsieur Dumas, ne doit pas être le prix de tout le monde.

— Je ne vous comprends pas.

— Voici mes prix de *revient*, monsieur. Choisissez, indiquez les objets, et, puisque vous m'avez fait l'honneur de choisir mon magasin pour y faire vos acquisitions, payez-les le prix qu'elles me coûtent : je n'en accepterai pas d'autre.

J'avoue que cette politesse me toucha.

— Mais, dis-je, si je prends tout le magasin?

M. Daniel s'inclina avec une singulière courtoisie:

— Je le renouvellerai, dit-il.

Croyez-vous que, si Walter Scott ou Byron eussent visité nos marchands de porcelaine de France, il y en eût eu un seul qui en eût fait autant pour lui?

Merci monsieur Daniel, vous m'avez donné une jouissance d'amour-propre, et je ne dissimulerai pas que c'est une de celles que j'apprécie le plus.

Après avoir fait mes emplettes chez ce digne marchand, je me hâtai de satisfaire une autre fantaisie en allant visiter l'établissement de madame Tussaud,—ce fameux musée dont je vous ai décrit ailleurs les singulières merveilles.

Puis, comme c'était assez de jouissances personnelles, je crus que je me devais à la société.

Je montai dans un cab pour aller d'abord rejoindre mon fils, qui m'accompagnait dans ce voyage, et auquel j'avais donné rendez-vous à Hyde park. — De là, nous devions aller ensemble retrouver notre ami M. Young, qui nous offrait un dîner à Blackwall près de Londres.

L'heure brillante de Hyde park est quatre heures de l'après-midi ; le jour à la mode, le vendredi.

Alors, toute la fashion de Londres marche au pas, trotte ou galope dans la grande allée de Hyde park.

C'est là que l'on voit les plus beaux chevaux et les plus jolies femmes de Londres, et, par conséquent, du monde entier.

Mais rendons justice aux Anglais : leur premier regard est toujours pour le cheval, nous pourrions même ajouter, je crois, leur premier désir.

C'est chose curieuse, je vous jure, que le spectacle de la grande allée de Hyde park, où l'indépendance de la femme anglaise brille dans tout son éclat.

Autant il est rare de voir, en France, une femme monter seule à cheval, suivie de son domestique, autant il est rare, à Londres, de voir une femme accompagnée de son mari, de son frère ou de son amant.

Il y a plus : la femme domine énormément comme nombre. On rencontre des groupes de dix ou douze femmes, marchant en peloton comme une patrouille de hussards, ou comme une seule ligne de cuirassiers qui passe une revue.

On les sent fermes sur leurs selles comme des amazones du Thermodon, ou comme des écuyères du Cirque.

Arrivées aux barrières, c'est-à-dire à l'extrémité des allées, elles font volte-face avec une précision admirable, sans effort, sans embarras.

Si l'une d'elles veut causer avec quelque cavalier qui passe, elle reste en arrière, entame avec lui une conversation plus ou moins longue, puis salue familièrement de la main et de la cravache, enlève son cheval au galop, et rejoint le groupe auquel elle appartient.

Cela ne veut pas dire que tous les groupes doivent être de dix ou douze : non, il y en a de six, de quatre, de deux. — Quelques femmes d'un rang plus aristocratique ou d'un tempérament plus solitaire se promènent seules, avec un domestique, deux domestiques, et quelquefois trois ou quatre domestiques.

Je vis l'une de ces dames, se trouvant devant la barrière au lieu de se trouver devant l'ouverture, et trop paresseuse pour faire une demi-courbe, enlever son cheval par-dessus la barrière avec autant de laisser-aller, de facilité, de hardiesse qu'un jockey à une course de haies.

Le domestique qui la suivait se crut sans doute obligé d'en faire autant, et suivit son exemple.

Nous avons dit que le spectacle de la grande allée de Hyde park était curieux. — Il est plus que curieux, il est beau.

C'est un large spécimen de la fierté aristocratique de ce peuple, qui est arrivé à la liberté en foulant aux pieds l'égalité.

Nous n'avons pas idée de cela en France.

Il y a à Hyde park, tous les jours, quinze ou dix-huit cents femmes montant des chevaux de cinq à dix mille francs.

Combien y a-t-il de chevaux de dix mille francs à Paris?

Vingt-cinq ou trente, peut-être; et encore!...

Nous restâmes trois quarts d'heure à Hyde park.

Ce que, pendant ces trois quarts d'heure, nous vîmes passer, flottant au vent, de boucles de cheveux de toutes nuances, depuis le noir aile de corbeau jusqu'au blond roux; de cous gracieusement inclinés, se courbant et se redressant comme le mouvement des vagues; de visages roses éclatant sous la demi-teinte des chapeaux à larges bords chargés de plumes, frangés de dentelles; d'yeux noirs, fiers et passionnés; d'yeux bleus doux et langoureux, — je ne me chargerai point de l'énumérer.

Shakespeare, qui a tout dit, a peint ses compatriotes avec une seule phrase :

« L'Angleterre est un nid de cygnes au milieu d'un vaste étang. »

Il va sans dire que, dans ce nid de cygnes, il n'y a de place que pour les Anglaises.

Oh! comme on vous comprend, doux rêves du poëte! Desdemona, Juliette, Miranda, Ophélia, Jessica, Cordélie, Rosalinde, Titania! comme on vous comprend, quand on a vu ces femmes aux cheveux flottants, aux yeux noyés, aux joues transparentes, aux cous ondoyants, qui semblent faites pour l'hermine, le velours, le satin et la soie, plus encore que la soie, le satin, le velours et l'hermine ne semblent faits pour elles!

Disons, en passant, que Punch, ce Pasquino de Londres, qui ne respecte rien, appelle la grande allée où caracolent toutes ces belles dames — *Rotten-Road* (*le chemin pourri*).

Près de cette grande allée est la statue d'Achille, fondue avec les canons français pris à Vittoria et dédiée *to Arthur duk of Wellington from his countrywomen;* mot à mot : « A Arthur, duc de Wellington, par les FEMMES de sa patrie. »

Il va sans dire qu'Achille, en véritable demi-dieu de l'antiquité, combat tout nu.

Mais il a un bouclier; chose qui lui est la moins nécessaire, puisqu'il est invulnérable.

En face de la statue et de manière à ce que l'illustre duc et sa postérité puissent voir ce chef-d'œuvre de l'art moderne de toutes les fenêtres, est bâtie sa maison, qui aujourd'hui n'offre plus rien de remarquable, et qui, lors de mon premier voyage, était doublement curieuse, — d'abord, en ce qu'elle était la résidence de lord Wellington, — ensuite, en ce que tous les volets étaient en fer.

La raison de ce formidable retranchement faisait honneur à la popularité du vainqueur de Vittoria, de Salamanque et de Talavera, — car nous ne pouvons pas admettre qu'il fut le vainqueur de Waterloo. — A chaque nouvelle émeute, on brisait ses vitres; d'abord, il essaya de fermer les volets; mais la dépense était double : on commençait par briser les volets pour ensuite briser les vitres. Il en résulta qu'il eut l'ingénieuse idée de fermer les fenêtres avec des volets en fer. Le duc en était quitte, les jours d'émeute, pour déjeuner et dîner à la lumière.

Heureusement que la statue d'Achille comme sculpture, et la maison de Wellington comme architecture, peuvent être vues d'un coup d'œil, l'art n'y étant absolument pour rien et la bonne intention y étant pour tout.

Il en résulta que la double visite en fut bientôt faite, — et, comme notre cab nous attendait porte Grosvenor, — nous sautâmes dedans, et, sans nous arrêter à rien, nous revînmes à notre hôtel (London-Coffee house) avec la rapidité du fiacre anglais, doublée de la promesse d'un pourboire, chose inconnue en Angleterre.

Vous me direz que, comme les cochers anglais comptent par milles et font leurs comptes eux-mêmes, il y a tout lieu de présumer qu'ils n'ont point la maladresse de s'oublier.

A la porte de l'hôtel, toute notre société, composée d'une quinzaine d'amis de M. Young, nous attendait. La présentation se fit selon l'étiquette anglaise. Mais, de toute cette nombreuse société, je ne retins qu'un nom, celui de M. Knowles.

Il est vrai qu'à ce nom, M. Young ajouta : « Qui a tué trente cinq tigres. »

M. Knowles est un homme d'une trentaine d'années, ayant habité Rajahrampore, c'est-à-dire la ville du roi Ram près Mours-hed-Habad. Il a la tête de moins que Gérard, qui lui-même n'a guère que cinq pieds deux ou trois pouces. C'est une nature frêle, mais calme, avec une grande fixité dans le regard. L'œil est bleu-faïence comme celui de tous les hommes volontaires jusqu'à l'obstination ; c'est la couleur de l'œil des races celtiques, les plus entêtées de toutes les races : voyez les Bretons et les Écossais.

Nous allâmes tout courant jusqu'à Blackfriars bridge, c'est-à-dire jusqu'au pont des Frères-Noirs, un des plus vieux ponts de Londres, et, là, nous trouvâmes un de ces bateaux à vapeur qui sillonnent la Tamise.

Cela seul peut vous donner une idée de la puissance de cette reine de l'ennui qu'on appelle Londres, quand je vous dirai, par exemple, que, du pont de Battersea, qui peut correspondre à notre pont d'Iéna, jusqu'à Blackwall, qui peut correspondre à notre Râpée, c'est-à-dire pendant quatre lieues au lieu d'une, la Tamise est desservie, comme une rue à omnibus, par plus de soixante bateaux à vapeur contenant une moyenne de cent cinquante passagers, parmi lesquels circulent deux ou trois bateaux à *half-penny*, c'est-à-dire à un demi-penny, c'est-à-dire à un sou, toujours chargés de deux cent cinquante ou trois cents personnes, qui, pour ce sou, vont depuis le pont de Londres jusqu'au pont de Westminster, c'est-à-dire font à peu près deux lieues.

Le bateau allait partir ; nous y fîmes une véritable irruption.

Au pont de Blackfriars, la Tamise est quatre fois large comme la Seine au pont d'Iéna.

Ne vous préoccupez de rien, chers lecteurs, si vous faites ce voyage, que de regarder à droite et à gauche et d'étudier le mouvement commercial qui fait grouiller au bord du grand fleuve anglais un demi-million d'individus. Le seul souvenir historique que vous cotoyiez, c'est la Tour de Londres, dont vous voyez s'élever les quatre clochetons. Quand je dis la Tour de Londres, je devrais dire la Tour Blanche bâtie par Guillaume le Conquérant; car, de la Tour de Londres qui existait avant l'invasion normande et que la tradition veut avoir été appelée Tour de Juillet, comme ayant été bâtie par Julius César, il ne reste plus rien.

A part ce mouvement commercial qui est l'âme visible de la grande cité, vous n'avez que deux choses à voir, dans cette traversée de Blackfriars à Blackwall : c'est, à gauche, le *Great-Eastern* (aujourd'hui *le Leviathan*); à droite, l'hôpital des Invalides de la marine, le plus beau palais de Londres.

Il a été bâti par Inigo Jones, sous Charles Ier, c'est-à-dire par le contemporain de Van Dick, qui, lui aussi, faisait de l'architecture en même temps que de la peinture, mais qui, en même temps qu'il faisait de l'architecture et de la peinture, faisait malheureusement aussi de l'alchimie; ce qui nous coûta probablement, à nous, une douzaine de beaux tableaux, et probablement à lui une douzaine de belles années : la peste de 1641 le trouva tout affaibli par les veilles et n'eut qu'à le toucher de l'aile pour le coucher au nombre de ses victimes.

Ceux qui sont curieux d'énormes fourneaux, d'immenses marmites et de cuillers à pôt gigantesques, doivent visiter les Invalides de Londres, qui, sous ce rapport, l'emportent sur les Invalides de Paris. Il faut rendre justice à qui de droit.

Quant au *Great-Estern*, c'est le plus énorme navire qui jamais a été construit, sans en excepter la fameuse galère de Ptolémée dans laquelle il y avait un jardin et un bois de palmiers.

Le *Leviathan*, pour lui donner son nouveau nom, jauge 22,500 tonneaux ; c'est-à-dire qu'il est quarante-cinq à cinquante fois plus grand qu'un trois-mâts ordinaire.

Du bateau à vapeur que nous montions, nous l'apercevions à un demi-kilomètre, se dressant sur le rivage, comme une gigantesque falaise. Les hommes qui travaillaient à sa carène, rapetissés par sa masse, paraissaient gros comme des fourmis. Il pourra transporter quatre mille passagers et dix mille soldats. Il aura six mâts, dont cinq en fer, et le plus proche du gouvernail en bois pour ne pas déranger la boussole.

Cela nous semble, au reste, une grande erreur en matière de construction que de croire que plus la masse est puissante, mieux elle résistera à la mer et à la tempête. Quant à moi, je me croirais plus en sûreté dans la plus petite goëlette que dans cette énorme machine.

J'ai voyagé avec un speronare, c'est-à-dire dans une coquille de noix; j'ai voyagé avec le *Véloce*, c'est-à-dire avec un bâtiment de la force de deux cent cinquante chevaux. Je me suis cru, dans deux circonstances identiques, moins exposé sur ma coquille de noix que sur mon bâtiment de deux cent cinquante chevaux.

Quelle que soit la force d'un steamer ou d'un vaisseau, il ne domptera pas la mer; et, pour la mer, ce sera toujours une plume à la main d'un géant.

Mieux vaut amuser la mer que la défier.

Je souhaite de ne pas être un prophète de mauvais augure pour la Compagnie, qui a déjà souscrit sept cent mille livres sterling, c'est-à-dire dix-sept millions et demi, pour la construction du *Leviathan*. Mais, je le répète, j'aimerais mieux, une tempête survenant, être sur le bouchon de liége avec lequel j'ai parcouru tout l'archipel de Sicile, avec lequel j'ai été à Messine, à Syracuse, à Palerme, à Lipari, à Malte, à Tunis, au Pizzo, que sur le colosse qu'on essaye aujourd'hui de mettre à flot, près de Millwall.

Mais ainsi sont les Anglais : ils croient faire plus grand en faisant plus gros !

A six heures et quelques minutes, nous abordâmes presque en face du restaurant, hôtel Brunswick.

Permettez-moi de vous donner la carte de notre dîner.

Cette carte est une curiosité dans son genre. M. Young, notre amphitryon, en nabab qu'il est, avait royalement fait les choses.

Ceci, chers lecteurs, s'adresse aux gourmands, si toutefois j'ai des gourmands, ce que j'espère bien, parmi mes lecteurs.

Si j'ai des gourmands, qu'ils osent avouer leur gourmandise, et, si l'occasion s'en présente, nous causerons cuisine.

Ils verront qu'en théorie, du moins, je suis digne de faire leur partie.

CARTE DU DÎNER DONNÉ PAR M. YOUNG.

Potages.

Tortue à l'anglaise.
Printanier.

PREMIER SERVICE.

Truite à la tartare.
Water-zootches de perches, soles, saumons, truites et anguilles.

Tranches de saumon de Gloucester.
Turbot sauce au homard.
Rougets en papillotes.
Boudins de merlan à la reine.
Filets de sole à la Orly.
Saint-Pierre à la crème.
Matelotte normande.
Friture de flottons et d'anguilles.
Rissoles de homard.
Quenelles de saumon.
Crevettes en buisson.
Côtelettes de saumon à l'italienne.
White-bais au naturel.
White-bais en Méphistophélès [1].

Relevés.

Poularde à la Montmorency.
Noix de veau à la jardinière.
Pâté froid à la royale.
Poularde à l'ivoire, sauce suprême.
Bastion de volaille.
Jambon de Bayonne.
Lard garni de fèves.

Entrées.

Côtelettes à la Maintenon.
Vol-au-vent à la financière.

[1] La différence qui sépare les white-bais au naturel des white-bais en Méphistophélès, c'est que ces derniers sont saupoudrés de poivre de Cayenne.

Escalope de caille aux truffes.
Riz de veau en macédoine.
Kari à l'indienne.
Filets de pigeon à l'italienne.
Fricassée de volaille aux truffes.
Chartreuse à la Toulouse.

SECOND SERVICE.

Rots.

Chapon et petits poulets au cresson.
Dindonneau.
Venaison.
Levreau.
Cailles bardées.
Canetons à la ferme.

Relevés.

Charlotte Plombières.
Boudin à la Jenny Lind.

Entremets.

Boudin Saint-Clair.
Haricots verts.
Croûte de champignons.
Crème de Montmorency.
Fromages de Neuchâtel.
Tourte de cerises à l'anglaise.
Fromages bavarois.
Gelée au marasquin garnie de fraises.
Petits pois.

Bayonnaise[1] de homard.
Meringues à la glace.
Gâteau de millefeuille.
Bordure génevoise garnie de reines-Claude.
Gelée, macédoine de fruits.
Riz à la Brunswick.
Radis et salade.

Dessert.

Fraises.
Raisins.
Ananas.
Mandarines et tangerines.
Conserves de pêches, d'abricots, de mirabelles, etc., etc.

Vins.

Hock, sherry, champagne, madère.
Porto, claret, château-margaux.
Château-dickins.
Constance.
Tockay.

Vous comprendrez sans peine, chers lecteurs, qu'un pareil dîner nous conduisit à dix heures du soir.

A dix heures, nous prîmes le chemin de fer, qui

[1] Et non *mayonnaise* ou *magnonnaise*, comme disent les cuisiniers peu lettrés.

nous ramena en vingt minutes à Londres, que nous trouvâmes illuminé à *giorno*.

C'était l'anniversaire ou la fête de la reine d'Angleterre.

En abordant au pont de Londres, nous montâmes dans cinq ou six voitures, et nous nous fîmes descendre à la place de Trafalgar.

De là, nous nous acheminâmes vers Regent street.

Vous savez ce qu'est Paris les jours d'illuminations, n'est-ce pas? Figurez-vous quelque chose de trois fois plus compacte que la foule de nos boulevards.

Je remarquai une chose : c'est qu'au fur et à mesure que nous avancions vers Regent street, des mots français nous frappaient plus rapprochés les uns des autres.

En arrivant à Leicester square, l'anglais et le français se contre-balançaient ; à Haymarket, l'anglais était complétement vaincu.

C'est que Haymarket est le Canada de Londres ; c'est à Haymarket et dans ses environs qu'émigrent les *demoiselles* que Béranger a illustrées par une de ses plus verveuses chansons :

> Faut qu'lord Vilain-ton ait tout pris,
> Gn'ia plus d'argent dans c'gueux d'Paris!

Haymarket, moins les robes en brocard, moins

les plumes, les aigrettes, les oiseaux de paradis, les colliers et les boucles d'oreilles de strass, Haymarket est, en 1857, ce qu'étaient les galeries de bois du Palais-Royal en 1825.

Le dernier recensement qui a été fait de ces demoiselles, tant Anglaises qu'Irlandaises, Écossaises, Allemandes et Françaises, est fantastique.

Un employé à la police de Londres m'a dit que ce recensement en avait constaté un nombre de quatre-vingt mille, sur lesquelles on peut compter de cinq à six mille Françaises.

Tout cela vit à sa guise et sans être soumis à aucun règlement sanitaire.

La raison qu'en donne le puritanisme anglais est admirable : « Il ne faut pas encourager le vice par l'espérance de l'impunité. »

Au reste, c'est au jardin de Cremorn que le *vice* s'étale dans toute sa splendeur.

Cremorn, c'est le Valentino, le Mabile, le Château-des-Fleurs de Londres, — en mesurant tout à un cran plus bas.

A la rigueur, une femme pourrait entrer à Valentino, à Mabile, au Jardin-des-Fleurs; une fille peut seule entrer à Cremorn.

Nous en sortîmes à minuit, profondément attristés par les danses funèbres des Brididis et des Pomarés de la Grande-Bretagne.

II

Enfin, ce jour, ce grand jour du *derby*, auquel nous étions convoqués de Paris, — ce carnaval de Londres, qui n'a pas de carnaval, — était arrivé.

A dix heures, une immense calèche pouvant contenir dix personnes et sanglée de tous côtés de paniers contenant des pâtés, des poulets froids, des homards, du vin de Bordeaux, du vin de Champagne et de la glace, s'arrêtait devant la porte de London-Coffee house.

Elle était attelée de quatre chevaux, conduits par deux postillons en Daumont, bottes à retroussis, culottes blanches, gilets blancs, vestes et casquettes roses.

Nous nous y installâmes, et la voiture passa sans transition de l'immobilité au galop.

Le galop, c'est l'allure du *derby-day*; ce jour-là, tout va au galop, même les ânes.

Tant que nous fûmes dans les rues de Londres, nous ne vîmes pas grand changement avec l'aspect ordinaire des rues; seulement, on pouvait remarquer que, pour une voiture qui nous croisait en sens inverse, dix suivaient le même chemin que nous.

Le temps était magnifique et promettait une belle journée de poussière.

La poussière est tellement une des conditions indispensables de la fête, que les femmes, d'habitude, font faire pour le jour du derby des robes qui ne leur servent que ce jour-là.

Les hommes, de leur côté, avaient pris des précautions contre la poussière, le grand ennemi du jour; tous ceux que nous rencontrions portaient à leurs chapeaux des voiles bleus, bruns ou verts, qui donnaient à quelques-uns d'entre eux, adolescents de quinze ans, frais et roses comme les *crocus* qui poussent dans les prairies, l'air d'amazones démontées.

La population stationnait, placée en haie, aux deux côtés de la rue.

Au fur et à mesure que nous nous éloignions du cœur de la cité, au lieu que cette haie s'éclaircît, au lieu que les voitures diminuassent, la haie s'épaississait et les voitures devenaient plus nombreuses et surtout plus diverses.

C'était une exhibition générale de toutes les voitures connues, non-seulement dans la carrosserie, mais encore dans la charronnerie anglaise.

Essayons de donner une idée de ces différents spécimens.

C'était d'abord la voiture nationale, le *stagecoach*, le *four-in-hand*, c'est-à-dire le *quatre-*

en-main, parce que le même cocher conduit quatre chevaux en main ; dans les temps ordinaires, les chiens sont dans le coffre, les domestiques derrière, et les maîtres et les amis devant : ce jour-là, les chiens étaient restés au chenil et les domestiques à l'antichambre. Tout, intérieur, impériale, devant, derrière était encombré de maîtres.

C'était le *mail-coach*, cette concurrence que les entreprises commerciales font au stage-coach, et qui, dans un jour solennel comme celui du derby, avec ses deux ou ses quatre chevaux, voiture de vingt à vingt-cinq amateurs.

C'était le *carriage*, calèche de famille, véhicule ordinaire de la bourgeoisie, où s'entasse cette population sans fin, étagée comme une flûte de Pan à dix, douze et quinze tuyaux, qui se compose du père, de la mère et des enfants, ceux-ci infinis, sans nombre, parterre de camellias blancs et roses, chacun, depuis le bouton jusqu'au calice, épanoui à son degré de floraison.

Le *sociable*, sorte de wurst immense, dont le nom indique la qualité, et qui est destiné, non-seulement à entretenir, mais encore à resserrer, entre huit à dix personnes, les liens de la société.

Le *braice*, grand coupé à quatre personnes, qui, ce jour-là, en porte invariablement dix : quatre dans l'intérieur, plus un enfant qui se tient debout à chaque portière ; deux sur le siége de derrière, deux sur le siége de devant ; total, dix, chiffre annoncé.

Le *brougham,*—prononcez le *broum,*—inventé par lord Brougham pour se rendre au Parlement, sans avoir l'obligation d'y mener personne à ses côtés. Dans le brougham, coupé microscopique comme épaisseur surtout, il y a juste place pour le ministre et son portefeuille ; ce jour-là, il contient de quatre à six personnes.

Le *landau*, voiture popularisée en France par la pièce que Scribe a faite sous ce titre pour les débuts de Perlet, passé depuis dans notre usage, mais relégué aujourd'hui chez nous dans les vieilles écuries du faubourg Saint-Germain.

Le *landolees*, diminutif du landau, comme le brougham est le diminutif du coupé ordinaire.

Le *mail-phaeton*, récipient ordinaire de quatre personnes, qui devient, ce jour-là, sur la route d'Epsom, ce que le corricolo est tous les jours sur la route de Torre-del-Greco à Naples.

Le *dog-cart*, la voiture des chiens, où les maîtres ne sont considérés que comme des êtres secondaires ; le jour du derby, deux femmes remplacent d'ordinaire les domestiques et vont à reculons, ayant pour appui le dos des deux hommes qui vont en avant.

Le *whitechapel*, la voiture du village, avec laquelle on va entendre les prêches et les sermons, qui conduit aux enterrements, aux baptêmes, aux fêtes, aux noces ; c'est notre chariot, plus la suspension. En Angleterre, toute voiture est suspendue.

Le *break* avec son cocher élevé, qui semble, du haut de son siége, manœuvrer son bâtiment comme un contre-maître fait de son navire du haut du beaupré.

Les cinquante espèces de *tilburys* que nous connaissons, depuis le tilbury à patin jusqu'au tilbury à télégraphe.

Le *buggy*, dont nous avons fait boghey, et qui est, en réalité, le modeste tape-cul.

Le *farmer's-cart*, la voiture du fermier.

Le *brewer's-dray*, la voiture du brasseur.

Le *waggon*, tapissière de campagne.

Le *mofredars*, c'est-à-dire la voiture anglaise par excellence.

Le *cab*, qui consiste dans une espèce de cabriolet en forme de fauteuil à la Voltaire, à l'arrière duquel le cocher est assis, et qui, disgracieux d'encolure, est fort commode en réalité, en ce qu'il vous isole du *coatchman*, et, par conséquent, de l'émanation des herbes plus ou moins malfaisantes que fume celui-ci sous le nom de *tabac*. — Oh ! que je voudrais, par parenthèse, consigner ici le nom de cette grande et honnête dame, comme disait Brantôme, à qui un de nos amis demandait l'autre jour dans un waggon : « L'odeur du cigare vous incommode-t-elle, madame? » et qui répondit: « Je ne sais pas, monsieur; on n'a jamais fumé devant moi! » — On peut hasarder, sans amour-propre national, que *cab* vient de cabriolet; seulement, les Anglais, qui sont les plus grands abréviateurs que je connaisse, ont réduit les quatre syllabes en une, et, du mot cabriolet, ont fait le mot *cab*, comme ils ont fait, du vin d'Oporto, le vin de Porto, puis le vin de Port; quand il s'agit du nom de famille, qu'ils ne peuvent pas abréger matériellement, ils l'abrégent par la prononciation : lord Brougham, prononcez lord *Broum*, comme je le disais tout à l'heure. Les Anglais, avec un peu de travail, finiront par ne plus parler que comme les grosses caisses, par monosyllabes; aussi le vers de Racine qu'ils apprécient le plus, est-il justement celui-là qu'on a tant reproché au grand poëte, parce qu'il n'était composé que de monosyllabes :

Le jour n'est pas plus pur que le fond de mon cœur.

Partageons leur admiration, et achevons la nomenclature des véhicules qui brûlent avec nous la route d'Epsom.

C'était encore le *hansom patent safety*, que l'on rencontre à chaque pas dans les rues de Londres, et dans lequel le client est assuré contre les accidents.

L'*omnibus*, qui n'a pas besoin de description.

Le *tandem*, avec ses deux chevaux en arbalète.

Le *fly*, notre berlingot, c'est-à-dire tout ce qui est voiture de louage.

Le *post-chaise*, création antédiluvienne abandonnée chez nous depuis plus de cinquante ans.

Le *pony-chaise*, traîné comme l'indique son nom par des poneys.

Le *donky-chaise*, ou la chaise aux ânes.

Enfin, le *sweep-chaise*, qu'on ne voit qu'à Londres, et dont la traduction littérale est la *voiture du ramoneur*.

Eh bien, figurez-vous toutes ces voitures de formes variées, de constructions diverses, tirées de leurs cours, de leurs remises, de leurs hangars; tous ces animaux de races, de formes, de grandeurs différentes, sortis de leurs box, de leurs écuries, de leurs étables, les valides aussi bien que les écloppés, les vivants aussi bien que les morts, tout cela roulant, trottant, galopant sur cette route d'Epsom comme dans une autre vallée de Josaphat, se heurtant, s'accrochant, se renversant avec un bruit d'ossements froissés, semant la route de débris auxquels personne ne fait attention, d'épaves que personne n'évite, de naufragés que personne ne recueille : là, comme partout, la force dominant, les grands écrasant les petits, chacun étant pris de la rage d'arriver avant son voisin et tourmentant de son mieux le malheureux quadrupède qui l'aide à accomplir cette œuvre de vanité!

Et remarquez que ce que je vous dis là, ce n'est point à propos d'une agglomération partielle sur un point particulier. Non, c'est partout; depuis le Vaux-Hall jusqu'à Epsom, c'est-à-dire pendant sept lieues, on vogue à pleines voiles, au milieu d'écueils mouvants, parmi lesquels il faut être non-seulement cocher, mais encore pilote, attendu que vous avez bien plus affaire à des vagues qu'à des rochers; et chaque vague crie, hurle, murmure, glapit, jure, chante, menace, maudit, raille, car elle a depuis quatre jusqu'à vingt têtes.

C'est que les courses en Angleterre, et surtout les courses d'Epsom, voyez-vous, chers lecteurs, ce n'est pas, comme chez nous la Marche ou Chantilly, une affaire de luxe. Non; c'est une fête nationale à laquelle chacun prend sa part, et à laquelle chacun veut assister, riche comme pauvre, gentleman comme ouvrier; on l'attend onze mois, on en parle pendant six, on s'y prépare pendant trois, et l'on s'en souvient quelquefois plus longtemps qu'on ne l'a attendu, qu'on n'en a parlé, qu'on ne s'y est préparé.

Avec notre calèche monstre, nos quatre chevaux, nos deux postillons, nous étions naturellement rangés parmi les oppresseurs, et, du haut du siége de devant, d'où il commandait la manœuvre, notre ami M. Young ne répondait à toutes les railleries, à toutes les malédictions, à toutes les menaces, à toutes les chansons, à tous les jurements, à tous les murmures, à tous les glapissements, à tous les hurlements, à tous les cris que par ce mot :

— *Forward! forward!*

Et la voiture allait, emportée comme le char de la foudre dans un nuage de poussière qui ne permettait pas de se voir à vingt pas.

Un peu avant d'arriver à Morden, nous trouvâmes un stage-coach à quatre chevaux, arrêté au beau milieu de la route.

Nous disons à quatre chevaux, nous devrions dire à trois ; on avait mené les pauvres bêtes si grand train, qu'une des quatre venait de tomber frappée d'un coup de sang.

— Saignez-le ! saignez-le ! criait-on de tous côtés.

Mais bah ! les propriétaires n'avaient pas le temps ! il fallait arriver à Epsom avant un mail-coach qui venait derrière.

Avec ce mail-coach, il y avait pari.

On se contenta donc de couper promptement les traits, d'attacher le cheval dépareillé en arbalète, et l'on repartit, laissant le cheval mort au milieu du chemin.

Au moment où nous arrivions au sommet d'une colline qui domine le champ de course d'Epsom,— et cela à travers mille dangers, la plupart des chevaux qui montaient cette colline ayant pris prétexte de son escarpement pour aller en arrière au lieu de continuer d'aller en avant, — au moment, dis-je, où nous arrivâmes au sommet de cette colline, la première course partait.

Par bonheur, c'était une espèce de prologue, une course d'essai; la seconde seule était importante.

Tous les véritables parieurs s'étaient réservés pour cette seconde course.

Elle devait, en effet, résoudre une grande question.

Un cheval qui avait été le favori dans deux ou trois courses, et qui les avait bravement gagnées, s'était laissé battre à Newmarket, comme un pleutre, par un cheval à peu près inconnu; de sorte qu'il avait perdu sa popularité.

L'enjeu de son maître à Newmarket était de mille guinées.

Ce cheval s'appelait Blink-Bonny; ce qui, traduit à peu près, comme tout ce qu'on traduit, veut dire *le Joli-Clignoteur*.

Cette fois, l'enjeu de son maître était de vingt-sept mille livres, c'est-à-dire de six cent soixante-quinze mille francs.

Le maître confiant était M. Anson.

On pariait, en général, vingt contre un, tant Blink-Bonny était en défaveur.

Il en résultait donc que la première course, à laquelle nous n'assistions pas, était, comme je l'ai dit, sans grande importance.

D'ailleurs, il y avait une préoccupation qui l'emportait sur toutes les autres.

C'était d'entrer dans le champ de course.

Il fallait, pour arriver à ce but, franchir une barrière ouverte, bien entendu, mais n'offrant qu'une dizaine de mètres d'ouverture.

Supposez la passe de Calais pendant une tempête avec cinq cents bâtiments... qu'est-ce que je dis, cinq cents! mille, dix mille, de toute forme, de toute grandeur, de tout tonnage, depuis le chasse-marée jusqu'au vaisseau à trois ponts! tout cela se pressant pour entrer, avec les mâts qui se brisent, les voiles qui se déchirent, les membrures qui craquent, et vous aurez une idée de l'entrée de notre frégate, dans la passe d'Epsom.

La passe franchie, on se trouvait plus à l'aise.

Il ne s'agissait plus que de naviguer à travers un océan de piétons.

Trois cent mille personnes, à peu près.

Voilà où est le vrai spectacle. La course n'est qu'un détail.

Le jour du derby reste pour les Anglais eux-mêmes un phénomène inexplicable et surtout indescriptible.

Figurez-vous un mélange inouï d'êtres de toutes

les conditions : un monde tout entier enfermé dans des limites d'une lieue carrée; Londres envoyant dans ce chaos social un échantillon de tout ce qu'il possède, pour faire un Londres sans maisons, un Londres avec ses pompes, ses misères, ses richesses, ses vices, son luxe, ses gentlemen, ses fripons, ses cockneys, ses lords, ses imbéciles, ses filous, ses duchesses, ses petites marchandes, ses filles publiques, kaleïdoscope fantasque, cosmopolite, gigantesque, multiple, présentant à la fois toutes les faces d'une société indéfinissable, immense, bruyante, variée, orageuse enfin, comme l'Océan.

Au milieu de tout cela, pareils à des roches immobiles au milieu des vagues mouvantes, des baraques de toute espèce, depuis la tente en grosse toile d'Alger, à l'apparence luxueuse, où l'on débite le porto, le claret, le gin, le cognac, les petits gâteaux, jusqu'aux modestes parasols de canevas goudronné, sous lesquels les petites filles d'Égypte, aux oripeaux fanés, mais harmonieux de couleurs, vous promettent, pieds nus et en haillons elles-mêmes, des fortunes de nabab, pour la bagatelle d'un demi-schelling; — des joueurs d'orgue, des saltimbanques, des orchestres ambulants, des danseurs, des montreurs de singes, des mendiants, des gamins qui peuvent à peine se tenir sur leurs pieds et qui se tiennent sur la tête, des enfants sevrés d'hier et qui grimpent comme des mousses microscopiques à de longues échelles posées en équilibre sur le nez paternel, lequel même, dans l'état ordinaire, indique par sa déviation cartilagineuse tout ce que ce membre si essentiel au visage a souffert des devoirs bizarres qui lui ont été imposés en dehors de sa destination; — de hâves vagabonds, aux maillots râpés et poussiéreux, qui rampent, se tordent, s'arrondissent, se cambrent, se racornissent de manière à détruire toutes les théories adoptées sur l'usage et la facultativité — tant pis si je fais un mot — de l'épine dorsale; des petites filles sur des échasses, des polichinelles, des musiciens nègres; — tout cela grouillant entre les roues des voitures, les habits noirs, les robes de satin, bravant les flèches et les bâtons.

Expliquons ce que nous voulons dire par ces mots *bravant les flèches et les bâtons*.

Il y a aux courses d'Epsom deux jeux privilégiés, et qui s'établissent au beau milieu de la foule, sans s'inquiéter des torts graves qu'ils peuvent faire à cette même foule : c'est le jeu de l'arc et le jeu des bâtons.

Le jeu de l'arc n'a pas besoin d'être expliqué.

Il y a trois buts : une carte ronde, un nègre, une dame en grande toilette; — il va sans dire que carte ronde, nègre et dame en grande toilette sont en carton.

Il y a une douzaine d'arcs en faisceaux et douze ou quinze douzaines de flèches placées, douzaine par douzaine, dans des carquois creusés en terre.

Arcs et flèches forment une ligne placée à cinquante pas du but.

Moyennant six pence, tout le monde, gentleman comme mendiant, mains à gants de peau de Suède, mains calleuses, ont droit de venir prendre un arc et douze flèches.

Chacun choisit son but, — on est même libre de choisir les trois, — chacun fait ses paris avec son voisin et tire ses douze flèches.

Nous disons *fait ses paris*, parce que, le jour des courses d'Epsom, sous la forme de grains de poussière probablement, la contagion flotte dans l'air; chacun en avale sa part et devient enragé. On parie sur tout; chaque chose est un prétexte, une occasion, un motif de pari.

J'ai vu là des gens parier qu'au lieu d'envoyer leur flèche au but, ils l'enverraient dans le derrière d'un honnête cockney qui passait, donnant le bras à sa femme et à sa fille.

Le parieur gagnait ou perdait, mais il accomplissait le pari.

Le jeu de bâton consiste à abattre des poupées, des pelotes, des boîtes, des polichinelles, placés sur des baguettes fichées en terre et de trois pieds de hauteur.

On a douze bâtons pour six pence.

Chaque bâton représente le tiers d'un manche à balai.

On jette les bâtons comme on veut, en douceur ou à haute volée.

Le joli, le plaisant, le suprême est d'atteindre avec les bâtons non-seulement les baguettes, mais encore le marchand ou la marchande, qui se tient derrière, saute en l'air ou bondit à droite et à gauche, selon qu'il est menacé de face, à gauche ou à droite.

Il en est des bâtons comme de l'arc.

A l'arc, celui qu'on vise avant tout, c'est le malheureux gamin qui court, sans arme défensive aucune, au milieu de cette grêle de flèches partant à la fois de douze arcs et de vingt-quatre mains; — au bâton, c'est le marchand.

Vous figurez-vous ces deux jeux au milieu d'une foule compacte!

Un jour, les spéculateurs en plein vent d'Epsom en arriveront à établir, au milieu de la foule, un tir au pistolet, comme ils ont établi des tirs à l'arc et au bâton; et certainement personne ne s'y opposera, pas même la police, qui est invisible, qui ne se mêle de rien, qui ne s'occupe de rien, qui n'existe pas.

Nous parvînmes, à travers cette multitude, que l'on sépare au galop, sans plus s'inquiéter de ceux que l'on écorne que les tireurs d'arc ne s'inquiètent de ceux qu'ils piquent et les jeteurs de bâtons de ceux qu'ils meurtrissent ; nous parvînmes donc au groupe principal des voitures, — deux ou trois mille ; — je ne les ai pas comptées ; mais, puisque l'on parie, je parierais plutôt pour plus que pour moins.

Il va sans dire que, sur toute l'étendue du champ, il y a cinq ou six groupes semblables.

Là, nous prîmes notre rang, le meilleur possible.

En face de nous était la maison appelée le *Stand*, c'est-à-dire l'arrêt.

Toutes les fenêtres de cette maison étaient garnies de monde ; des gradins arrivaient jusqu'à son premier étage, et son toit, incliné en amphithéâtre, contenait deux mille stalles numérotées.

Pas une de ces stalles n'était vacante. Faites-vous, d'après cela, une idée du Stand !

Avec ses tribunes étendues à sa droite et à sa gauche comme deux ailes, avec ses degrés montant à son premier étage comme un grand perron, avec son amphithéâtre stallé sur son toit, le Stand peut contenir trente mille personnes.

Le chemin de fer, depuis huit heures du matin, en amenait mille par chaque convoi.

Lorsque nous fûmes montés sur les sommets les plus élevés de notre voiture, nous embrassâmes une population de trois cent mille âmes, à peu près.

Juste en ce moment, les jockeys essayaient les chevaux de la seconde course.

Vingt ou vingt-cinq chevaux devaient y prendre part.

C'était un miroitage de casquettes et de vestes de toutes couleurs.

On se montrait Blink-Bonny, Adamas, Anton, Chevalier-d'Industrie, Black-Tommy, Shatnaver et Tournament comme les huit chevaux entre lesquels le prix devait être disputé.

Plusieurs fois, l'enthousiasme fut éveillé par de faux départs.

C'étaient de grands cris, une clameur immense qui s'éteignait tout à coup quand les spectateurs voyaient qu'ils se trompaient.

Bientôt, les chevaux furent renvoyés par la petite porte, n'ayant plus liberté que de caracoler dans *the fatal glen*, c'est-à-dire dans la vallée fatale.

Puis les policemen, sur quarante de front, firent vider la *piste* aux curieux, et les chevaux furent rangés en ligne au milieu du plus profond silence.

Enfin, les drapeaux s'abaissèrent et les chevaux partirent.

Ils semblèrent, en partant, rendre la respiration à trois cent mille spectateurs qui éclatèrent en un seul hourra!

Le sol frissonna comme dans un tremblement de terre.

D'abord Chevalier-d'Industrie prit la tête; mais, au bout de trois cents mètres, il la perdit. D'où nous étions, nous ne pouvions voir qu'une masse confuse luttant de vitesse. Ce n'étaient plus les chevaux que l'on pouvait reconnaître, c'étaient les jockeys seulement, à la couleur de leurs vestes et de leurs casquettes.

Il nous sembla que la lutte avait lieu entre Blink-Bonny, Anton, Tournament, Adamas et Shatnaver; à part un groupe de huit ou dix chevaux qu'on eût dits enchaînés les uns aux autres, les concurrents étaient distancés. Ce groupe arrivait comme une avalanche; on distinguait les cris de : « Adamas! Adamas!... Blink-Bonny! Blink-Bonny!... »

Enfin, le groupe passa devant nous comme un éclair. Blink-Bonny dépassait les autres d'une demi-longueur; Adamas venait après lui, vivement pressé par Black-Tommy; puis Anton.

La même clameur immense, grondante comme un tonnerre, qui avait salué le départ, accueillit le retour.

C'était le nom de Blink-Bonny, hurlé par cent mille voix.

En même temps, un drapeau fut hissé en l'air portant le chiffre 21; c'était le numéro d'inscription de Blink-Bonny.

M. Anson, qui avait refusé six mille guinées

(cent cinquante mille francs) de Blink-Bonny, venait de gagner quatre ou cinq millions !

On amena Blink-Bonny, au milieu des applaudissements de toute la foule.

Pendant dix minutes, on ne pensa à rien autre chose qu'à l'admirable course qui venait d'avoir lieu; chacun se précipita vers le turf; les policemen furent obligés de ménager un cercle autour du vainqueur; cheval et jockey eussent été étouffés.

Le jockey se nommait Charlton.

On assure que M. Anson lui avait promis cent mille francs s'il arrivait le premier.

Enfin, la foule s'ouvrit pour laisser rentrer les deux triomphateurs.

Aussitôt qu'ils eurent disparu, le cri « Aux voitures ! » se fit entendre.

Jamais invitation ne fut suivie d'une exécution aussi rapide; chacun se précipita vers sa voiture.

On eût dit une invasion de Tartares, de Mogols, de Caraïbes, de cannibales !

Si les chevaux eussent été attelés aux voitures, pas une, bien certainement, ne fût restée à sa place, et beaucoup n'eussent été ramassées qu'en morceaux.

Il s'agissait de dîner.

Tout le monde s'y mit : panier au pain, panier aux viandes, panier au poisson, panier aux légumes, panier au vin, panier à la glace, tout fut éventré en une seconde.

En une autre seconde, les pâtés furent ouverts, les poulets démembrés, les jambons émincés, les homards écaillés.

Un premier bouchon de champagne sauta en l'air, et un bruit qui ressemblait à la mousqueterie d'une armée faisant feu à volonté, se fit entendre autour du champ de course.

Rien ne donnerait une idée de ces trente mille personnes, hommes, femmes et enfants, mettant au pillage trois mille voitures, au bruit de soixante mille bouchons qui sautent.

Cela dura une heure.

Ne me demandez pas de raconter, de décrire, de peindre ce qui se passa dans cette heure; on eût dit l'orgie universelle précédant de vingt-quatre heures la fin du monde.

Je crois qu'il y eut une course au milieu de tout cela; mais personne ne s'en inquiéta; la grande, la seule et unique course du derby-day était finie.

Nous primes, mon fils et moi, une cuisse de poulet d'une main et un morceau de pain de l'autre, et nous nous lançâmes au milieu de ces gigantesques noces de Gamache.

Il n'y avait pas à s'inquiéter du vin; on pouvait s'approcher de la première voiture et tendre son verre.

Chers lecteurs, vous n'avez jamais rien vu, vous ne verrez jamais rien de pareil à Epsom, à moins que vous n'alliez à Epsom.

Il va sans dire que, au milieu de ce tohu-bohu universel, les flèches et les bâtons allaient leur train, compliqués de dix ou douze courses d'ânes montés, cette fois, par des jockeys en jupon, qui, moins solides que les jockeys en veste, variaient non-seulement la chance, mais aussi les accidents de la course.

Ces dames me parurent appartenir à cette honorable classe de la société dont je portais tout à l'heure le chiffre à quatre-vingt mille.

A six heures, le cri « Les chevaux ! les chevaux ! » se fit entendre comme s'était fait entendre le cri « Aux voitures ! »

A l'instant même, on vit sortir des écuries improvisées une armée de postillons, de chevaux, de grooms, de palefreniers, tout cela pêle-mêle, criant, jurant, hennissant, cherchant sa voiture.

En un quart d'heure, tout fut rattelé.

C'est l'heure de miel des pauvres, des mendiants, des bohémiens.

Chacun tend la main.

L'un reçoit les assiettes chargées de débris, l'autre les bouteilles à moitié vides, celui-ci un poulet aux trois quarts dévoré, celui-là un pâté battu en brèche ; chacun attrape quelque chose ;

rien de ce qui a été touché, écorné, entamé ne rentre à la maison.

Mangez bien, pauvres mendiants! gorgez-vous de croûtes de pâtés, de cuisses de poulet, de pattes de homard, de gras de jambon; buvez du porto, du champagne, du claret, du malvoisie; mangez, buvez! vous en aurez pour un an à ne plus manger que des trognons de choux au coin des bornes et des arêtes de saumon aux portes des poissonneries.

Presque en même temps, le groupe entier de voitures dont la nôtre faisait partie s'ébranla.

Comment le réseau gigantesque se démêla-t-il? comment chevaux, timons, brancards parvinrent-ils à se désenchevêtrer les uns les autres? Dieu, qui fit ce miracle, peut seul le savoir.

Alors, les cris *Forward! to right! go before!* retentirent, et la course qui venait de finir entre les chevaux commença entre les voitures.

Horace parle du triple acier qui enveloppait le cœur du premier navigateur. Horace n'avait jamais navigué sur le champ de course d'Epsom, dans un stage-coach ou dans un break! S'il l'avait fait, il aurait déclaré que la navigation dans la Méditerranée, l'Atlantique et même la mer des Indes n'était qu'une promenade inoffensive en bateau, près de la navigation dans l'*Epsom races*, le jour du derby.

Nous tournâmes sur nous-mêmes. — Comment?... Nous sortîmes du champ de course. — De quelle façon?... Nous franchîmes les barrières. — Par quels moyens?... Détournez les yeux, Seigneur, et ne me faites jamais responsable des coups de fouet donnés aux animaux et aux hommes!

Une fois sur la grande route, on reprit le galop.

La poussière du matin n'avait pas eu le temps de retomber, elle était restée suspendue. Nous la retrouvâmes. Nous y joignîmes celle que nous soulevions de nouveau. Chaque voiture entraînait avec elle son tourbillon, avait son simoun à elle seule, son khamsin particulier.

Ce fut alors que, aux débris dont la route était couverte et aux cadavres d'ânes, de chevaux et de poneys reposant douillettement sur le revers des fossés, nous pûmes voir ce que coûtait la journée.

Toute la population de Londres et des environs assiste à ce retour, où chacun a l'air, non pas d'aller, comme Faust et Méphistophélès, au sabbat, mais d'en revenir.

Nous passâmes, bien certainement, à travers plus d'un million de spectateurs, dont chacun nous jeta son hourra.

A dix heures, nous rentrions, brisés, moulus roués, à London-Coffee house.

Visages, cheveux, habits, mains, gants, tout était de la même couleur.

Nous avions un demi-pouce de poussière sur le visage, un pouce sur les habits!

Nous avions manqué verser dix fois, être écrasés vingt! nous avions versé et écrasé les autres; mais nous avions vu les courses d'Epsom, nous avions assisté au derby-day!

Maintenant, pourquoi les courses d'Epsom, celles-là, du moins, sont-elles appelées *le jour du derby !*

C'est bien simple : c'est qu'elles ont été créées par le patriarche des torys, lord Derby.

Je cherchais partout un portrait de ce bienfaiteur de l'humanité, désespérant de le voir en personne; et j'exprimais ce désir devant le rival de Nadar, M. Herbert Walkins, lorsqu'un gentleman qui m'avait écouté sans rien dire, demanda une plume et du papier que le photographe s'empressa de lui donner.

En un clin d'œil, le gentleman eut fait son dessin.

Alors, s'approchant de moi :

— Voilà ce que vous désirez, monsieur, me dit-il : la chose vous coûtera un autographe.

Je pris le dessin; c'était un croquis de lord Derby, signé du fameux Alfred Crowquill, le Gavarni de Londres.

Consignons en passant, chers lecteurs, que *Crowquill* veut dire plume de corbeau.

Il va sans dire que M. Crowquill eut son autographe.

III

Vous êtes-vous débrouillés, chers lecteurs, dans ces courses où je viens de vous conduire à grandes guides? avez-vous pu y voir quelque chose à travers la poussière? avez-vous embrassé ce gigantesque ensemble avec ses mille détails?

A peu près?... — Tant mieux! c'est plus que je n'osais espérer.

Eh bien, avant de quitter Londres, je veux vous parler encore de deux choses que j'y ai vues pendant le voyage dont je vous raconte quelques épisodes, — deux choses qui m'ont particulièrement frappé, l'une grandiose, l'autre bouffonne, mais chacune, dans son genre, marquée au plus haut degré du cachet britannique.

Sautons comme toujours dans un cab, et gagnons le chemin de fer de London-Bridge : en vingt minutes, il nous conduira jusqu'à Sydenham, c'est-à-dire jusqu'au *palais de cristal.*

Le palais de cristal est à Londres ce que l'arc de triomphe est à Paris.

De quelque côté que l'on se tourne, on le voit toujours.

Sans compter que, lorsqu'on en approche, il vous écrase par sa masse, et qu'alors on ne voit plus que lui.

Le palais de cristal de Londres mérite complétement son titre : il n'a pas, comme le nôtre, des prétentions à l'architecture ; son fronton n'est point sculpté ; son porche ne repose pas sur les colonnes d'Ionie ou de Corinthe.

C'est un bâtiment en vitres et en fer, une gigantesque cage de verre, et pas autre chose.

Mais une cage de verre d'un quart de lieue de long et de cent cinquante pieds de haut.

Tout ce qu'il y a de parties opaques est peint en bleu clair.

Il n'y a rien d'artistique dans tout cela ; mais l'industrie, portée à ce degré, est la sœur de l'art.

Puis, une fois entré dedans, l'art vous attend derrière la porte ; il va vous prendre, vous envelopper, vous étreindre.

Je ne parle pas des machines, des porcelaines, des verreries, des voitures, des coutelleries, des châles, des percales, des madapolams, des popelines, toutes choses fort intéressantes pour certaines organisations, mais fort fastidieuses pour moi. C'est là de l'industrie, et non pas de l'art.

Mais ce qui est de l'art, et du plus beau, du plus pur, du plus élevé, ce sont les différents musées à travers lesquels on passe.

Un des caractères des spéculations du peuple anglais, c'est l'utilité ; — ajoutons qu'il est essentiellement classificateur.

En France, nous eussions tout mis dans le même musée, — en séparant peut-être le tout en salles égyptiennes, grecques, romaines, etc., etc.

Là, on a tout fait revivre, excepté les hommes; — et encore, à leur défaut, y trouve-t-on leurs statues.

Nous ne craignons pas de dire que le palais de cristal est le musée le plus complet qui existe.

On y entre trois mille ans avant le Christ, on en sort en même temps que nos contemporains.

La première salle est égyptienne. L'Isis égyptienne est la mère des nations; — au delà de son voile, tout est ténèbres.

L'Angleterre, qui est la maîtresse de l'Inde, n'a rien osé nous donner des antiquités de l'Inde.

La première salle commence au modèle du temple d'Aboo, près de Thèbes, aux statues d'Aménophis, aux figures gigantesques de Rhamsès le Grand.

Ces colonnes, peintes d'hier, ce sont celles du temple de Karnak rendues à leur lustre primitif.

Ces deux autres colonnes cannelées, sans fût ni chapiteau, soutiennent le tombeau de Béni-Hassan.

Ces bas reliefs sont tirées du grand temple de Rhamsès III.

De la chambre égyptienne, on passe dans la chambre grecque.

Là est le Parthénon restauré tout entier, — avec la frise de Phidias peinte et dorée.

Quand les mutilations de lord Elgin n'auraient servi qu'à cela, on les lui pardonnerait.

Cette chambre est peuplée d'un monde de statues.

Tout ce que l'art merveilleux de la Grèce nous a légué pendant une période de trois cents ans, — bustes, statues, groupes, — tout est là. J'y ai retrouvé cette grande et douloureuse famille de Niobé, que je n'avais vue qu'à Florence.

Entre la Vénus Victrix, qui porte le premier numéro, et le buste de Magnus Decentius, qui porte le dernier, sont enfermés deux cent quinze chefs-d'œuvre.

De la chambre grecque, on passe dans la chambre romaine.

C'est une exhumation complète ; c'est une maison de Pompéi remeublée, — la maison de Diomède ou la maison du poëte ; depuis le chien en mosaïque, qui garde la porte, jusqu'au lararum où sont les dieux du foyer, atrium, cubiculum, impluvium, xistus, triclinium, balneum, vestiarium, culina, tout y est.

A chaque draperie qui se soulève, il semble qu'on va voir apparaître la matrone romaine avec sa longue stole, ou le sénateur avec sa toge ou son laticlave.

Restez une heure dans la salle romaine, et vous saurez la vie antique comme si vous étiez contemporain de Pline.

Là, vous trouvez l'art romain, déjà si loin de l'art grec; Athènes donne le Parthénon; Rome, le Colysée.

Le génie des deux peuples est là tout entier.

De Naples, on passe à Grenade; de Pompéi, à l'Alhambra; de l'impluvium du poëte à la cour des Lions.

Entrez, chers lecteurs, les rois viennent d'en sortir; la dernière arme d'Abou-Abd-Allah-Mohammed, dont nous avons fait Boabdil, est encore sur le seuil de marbre de la salle des Deux-Sœurs.

C'est tout bonnement une merveille que cette restauration avec ses fenêtres en verres de couleur, ses arabesques bleu, rouge et or, ses soubassements de porcelaine et son pavé de mosaïque.

Rien que cette cour des Lions et cette chambre des Deux-Sœurs valent le voyage, je ne dirai pas de Londres à Sydenham, mais de Paris à Londres.

Maintenant, chers lecteurs, il faut sortir par la porte de Ninive, traverser un jardin tout planté de palmiers, de bananiers, de lataniers, et passer de l'autre côté du palais de cristal, dans la chambre byzantine.

Après la chute de Rome, c'est là que l'art expirant s'est réfugié : vous allez le retrouver sortant de terre avec la nouvelle Constantinople, que Justinien fait bâtir des ruines de l'ancienne, renversée par un tremblement de terre, et vous le suivez dans toutes ses phases, jusqu'à ce que les maîtres mosaïstes aillent bâtir le palais des doges à Venise, et le cloître de Montréal à Palerme.

C'est pendant la même période que grandit l'architecture arabe, que nous venons de quitter ; elle tombe presque en même temps. Mohammed II entre à Constantinople en 1453 ; Ferdinand entre à Grenade en 1492.

Il y a cette différence entre les deux événements, que la prise de Constantinople par les Turcs nous donne la renaissance architecturale et littéraire, et que la prise de Grenade par les chrétiens exile la littérature et la science de l'Europe.

O dona Chimène, que tu avais bien raison d'en vouloir au roi don Alphonse d'occuper ton mari avec tant d'obstination à chasser les Maures de l'Espagne !

Cette renaissance que nous donne la prise de Constantinople par Mohammed II, vous pourrez la suivre à travers le moyen âge dans les salles florentines, — ou rêve le *Penseroso* de Michel-Ange.

Quelle a pu être l'intention de Michel-Ange, cet

homme qui mettait une intention partout, quand il a fait un chef-d'œuvre de pensée et de rêverie, de la tête de ce misérable Laurent II, qui n'est connu que pour avoir laissé une empoisonneuse à la France et un tyran à la Toscane.

Cherchez au milieu de tout cela, cher lecteur, si vous faites le même voyage que moi, ce voyage à travers les siècles, cherchez le *David* de Donatello, et son petit *Saint Jean*, — deux merveilles, — la dernière déjà populaire, du reste, à Paris.

On dit que Munich a quelque chose de pareil au gigantesque musée de Sydenham : j'irai à Munich.

Maintenant, au lieu des minces et maigres parterres dont est flanqué notre palais de l'industrie, le palais de cristal domine un immense jardin avec des bassins découpés et des statues fondues sur les modèles de Versailles.

Une machine hydraulique, destinée à faire monter l'eau, occupe une des deux tours.

Il en résulte des jets d'eau de cinquante ou soixante pieds.

Ce jardin est, à coup sûr, le paradis des fleurs ; je n'ai vu que le pré Catelan où elles soient jetées avec une pareille profusion.

Une partie de ce jardin, trop aride pour être soumise aux exigences du jardinage, a été laissée en désert avec ses flaques d'eau verdâtre et ses immenses rochers.

Seulement, comme les Anglais savent tirer parti de tout, ils en ont fait un spécimen de géologie.

De même que l'on a pu suivre l'art à travers les civilisations successives de l'Égypte, de la Grèce, de Rome, de l'Espagne, de Constantinople et de Florence, de même on peut suivre les créations successives des animaux antédiluviens à travers les différentes couches terrestres.

Ces animaux disparus, dont le gouvernement a fait tant de bruit chez nous, qui devaient être donnés à exécuter à Barye, comme une récompense accordée à ce grand génie, — je ne dirai pas méconnu, mais oublié, — et qui sont encore en projet dans le cabinet de M. le ministre de l'intérieur ou de M. le préfet de la Seine, une société particulière les a commandés à M. James Campbell, qui les a exécutés sur les modèles du professeur Ansted.

En Angleterre, ce n'est pas plus difficile que cela.

Il est vrai qu'on y a déjà dépensé de trente-cinq à trente-six millions, qu'on y dépensera bien encore de trente-cinq à trente-six autres millions; mais, enfin, la chose s'achèvera.

En France, on n'aurait pas même l'idée de la commencer.

Hélas! — l'Angleterre a bien raison de s'appeler la grande nation, surtout si la *grande nation* veut dire la *forte nation!*

Nous avions dîné dans l'intérieur même du palais de cristal, où un restaurant s'est établi, dont les quartiers de rosbif sont en proportion avec le monument ! et nous revînmes le soir à Londres, assez tôt pour aller voir un spectacle que l'on m'avait recommandé comme fort curieux : *le juge Nicholson*.

Quand vous vous promenez dans les rues de Londres, et que vous égarez votre œil sur les murs, vous ne pouvez manquer d'apercevoir, parmi les affiches dont ils sont tapissés, un placard représentant une grosse figure rouge coiffée d'une énorme perruque, et, au bas de cette face joviale, ces mots : JUGE NICHOLSON.

Vous demandez alors ce que c'est que le juge Nicholson.

Celui à qui vous vous adressez vous regarde d'un air étonné, et passe son chemin sans vous répondre.

Un Anglais étonné fait quelquefois : « Ho ! » s'il est très-étonné, il fait « Ho ! ho ! » mais, si étonné qu'il soit, il ne répond jamais.

Vous voulez savoir de quoi est étonné l'Anglais à qui vous demandez ce que c'est que le juge Nicholson ?

Il est étonné que vous ne connaissiez pas le juge Nicholson.

En effet, tout Londres connaît le juge Nicholson.

Je vous expliquerais bien ce que c'est que le juge Nicholson; mais la façon dont l'Anglais manifeste son étonnement, sans songer à répondre à la question qu'on lui fait, est cause que je ne connais du juge Nicholson que ce que j'en ai vu.

Mais, enfin, ce que j'ai vu, je vais vous le dire.

Le juge Nicholson tient ses séances dans une misérable taverne du Strand, au fond d'une cour, au premier étage.

On monte à ce premier étage par un escalier de bois qui craque sous les pieds.

Arrivé dans la salle des séances, on trouve un petit théâtre en face duquel s'alignent, avec un passage au milieu, les banquettes des spectateurs-consommateurs; — car il est bien compris, n'est-ce pas? qu'on ne peut pas voir et écouter sans boire.

Au dossier de chaque banquette est adapté un récipient où le spectateur assis sur la banquette qui suit, pose, afin d'avoir la liberté des yeux et des mains, sa choppe de bière ou son verre de gin.

Autour de la muraille sont appendus, avec leurs longues perruques, les portraits des juges qui ont tour à tour rendu la justice avant le juge Nicholson, actuellement siégeant.

Au milieu de ces portraits est un tableau représentant lord Brougham, l'ancien chancelier, disputant nez à nez avec Punch, le Polichinelle anglais.

Un piano — l'indispensable piano des exhibitions anglaises — se fait entendre. La toile se lève, et l'on assiste à une suite de tableaux vivants dont tous les personnages sont des femmes.

Les tableaux vivants sont toujours les mêmes : — la *Défaite des Amazones*, les *Femmes israélites sur les bords de l'Euphrate*, *Ariane abandonnée dans l'île de Naxos*; — ces dames sont plus ou moins belles, plus ou moins bien faites, voilà tout.

Une d'elles eût pu représenter Latone près d'accoucher d'Apollon et de Diane. Je ne sais pas comment le metteur en scène n'a pas profité de la situation : il faut qu'il soit bien maladroit.

Ces dames n'étaient point des statues coloriées : il était facile de s'en apercevoir à leurs mouvements et même à leurs paroles; quelques consommateurs, pour lesquels elles avaient des bontés sans doute, échangeaient avec elles des gestes on ne peut plus familiers et des interpellations on ne peut plus expressives.

A Londres, la police ne se mêle qu'à la dernière extrémité des gestes et des paroles.

A huit heures et demie, les poses plastiques prirent fin; à neuf heures moins dix minutes, les consommateurs affluèrent, et, à neuf heures précises, un frémissement parcourant l'assemblée annonça l'approche du juge Nicholson.

En effet, l'escalier en bois craquait sous les pas de ce haut dignitaire.

Il fit son entrée au milieu des acclamations de la foule. Il était vêtu d'une longue robe noire, coiffé d'une immense perruque, et, sous ce costume, ressemblait, à s'y méprendre, au sénateur Larochejacquelein! Il salua avec dignité, alla s'asseoir devant une petite table surmontée d'un pupitre, et, d'une voix majestueuse et impérative, il demanda :

— Un verre d'eau-de-vie et un cigare.

Cette demande excita l'hilarité générale.

Deux avocats et un greffier entrèrent derrière lui. Les deux avocats prirent place à sa droite et à sa gauche, à des tables disposées d'avance.

Le greffier s'arrangea amicalement avec un des avocats pour partager sa table.

Chacun eut bientôt devant soi, sans avoir besoin de la demander, sa choppe pleine de bière.

On appela les causes.

Celle qui venait à son tour de rôle était une conversation criminelle.

Il va sans dire que plus la cause appelée est scandaleuse, plus le public se réjouit.

A certaines annonces, la joie va jusqu'au trépignement.

L'avocat général lut son réquisitoire.

En France, à la troisième ligne, les sergents de

ville eussent mis la main sur l'avocat général et l'eussent mené à la salle Saint-Martin, d'où les gendarmes l'eussent conduit tout directement à la sixième chambre.

Mais, en Angleterre, où le mot *shocking* est à tout propos dans toutes les bouches, cela ne se passe pas ainsi.

Après l'exposé de l'avocat général vint l'appel des témoins.

Les quatre témoins qui furent entendus — un écrivain public, une portière, une marchande à la toilette et un cocher — étaient joués par le même artiste, artiste de talent, que l'on peut comparer à Henry Monnier.

Chacun d'eux, par la même bouche, venait faire, dans des termes qui réjouissaient au suprême degré l'auditoire, des dépositions qui ne laissaient aucun doute sur la culpabilité des prévenus.

Les témoins avaient vu et entendu, et si bien vu et entendu, qu'ils avaient retenu jusqu'aux gestes; les gestes surtout étaient traduits avec une scrupuleuse fidélité! Il y aurait eu, en France, dans le plus innocent de ces gestes, pour quinze jours de police correctionnelle.

Puis vinrent les plaidoyers des deux avocats, admirables charges de ce qui se passe au palais en pareille occasion.

Les avocats entendus, l'avocat général fit son réquisitoire et réclama l'application de la peine.

Après quoi, le juge Nicholson rendit son verdict.

Ces parodies des actualités judiciaires, qui sont poussées jusqu'à la plus extrême licence, amusent fort les Anglais, ou du moins les Anglais des classes secondaires : l'auditoire me parut composé en grande partie de commis de magasin, d'employés, d'étudiants, qui viennent faire là leur cours de droit.

On annonçait pour le lendemain, au bénéfice du juge Nicholson, une représentation extraordinaire.

Cette fois, il ne s'agissait pas moins que d'un procès fait à un garde à cheval, coupable d'avoir manifesté une admiration trop vive sur le passage de la reine...

Le prix d'entrée était de quinze francs.

Le programme détaillé du spectacle était affiché depuis huit jours sans que la police s'en émût le moins du monde.

Il est vrai qu'il y avait un précédent : c'est le véritable procès fait, par Georges IV, à la reine Caroline, à propos de l'Italien Bergami ; mais au moins celui-là avait une excuse : il était sérieux !

J'aurais été assez curieux d'assister à cette *excentric* représentation. Par malheur, elle devait avoir lieu le samedi au soir, et il m'aurait fallu voir se lever à Londres l'aube grise et morne du dimanche... Je cours encore!

UNE MÈRE.

(CONTE IMITÉ D'ANDERSEN.)

Une mère était assise près du berceau de son enfant. Il n'y avait qu'à la regarder pour lire sur sa physionomie qu'elle était en proie à la plus vive douleur.

L'enfant était pâle, les yeux étaient fermés, il respirait difficilement, et chacune de ses aspirations était profonde comme s'il soupirait.

La mère tremblait de le voir mourir et regardait le pauvre petit être avec une tristesse déjà muette comme le désespoir.

On frappa trois coups à la porte.

— Entrez, dit la mère.

Et, comme on avait ouvert et refermé la porte, et que cependant elle n'entendait point le bruit des pas, elle se retourna.

Alors elle vit s'approcher un pauvre vieillard, le corps à moitié enveloppé dans une couverture de cheval.

C'était un triste vêtement pour qui n'en avait pas d'autre. L'hiver était rigoureux ; derrière les vitres blanchies et ramagées par le givre, il faisait dix degrés de froid et le vent coupait le visage.

Le vieillard était pieds nus ; c'était sans doute pour cela que ses pas ne faisaient pas de bruit sur le parquet.

Comme le vieillard tremblait de froid, et que, depuis qu'il était là, l'enfant paraissait dormir plus profondément, la mère se leva pour ranimer le feu du poêle.

Le vieillard s'assit à sa place et se mit à bercer l'enfant en chantant une chanson mortellement triste dans une langue inconnue.

— N'est-ce pas que je le conserverai ? dit la mère en s'adressant à son hôte sombre.

Celui-ci fit de la tête un signe qui ne voulait dire ni oui ni non, et de la bouche un sourire étrange.

La mère baissa les yeux, de grosses larmes coulèrent sur ses joues, sa tête tomba sur sa poitrine. Il y avait trois jours et trois nuits qu'elle n'avait ni dormi ni mangé !

Son front devint si lourd, qu'un instant elle s'assoupit malgré elle ; mais bientôt elle se réveilla en sursaut et toute glacée.

Le vieillard n'était plus là.

— Où donc est le vieillard ? cria-t-elle.

Et elle se leva et courut au berceau.

Le berceau était vide.

Le vieillard avait emporté l'enfant.

En ce moment, la vieille horloge qui était pendue dans un coin contre le mur, sembla se détraquer, le poids en plomb descendit jusqu'à ce qu'il eût touché le sol, et l'horloge s'arrêta.

La mère se précipita hors de la maison en criant :

— Mon enfant ! qui est-ce qui a vu mon enfant ?

Une grande femme vêtue d'une longue robe noire, et qui se tenait dans la rue en face de la maison, les pieds dans la neige, lui dit :

— Imprudente ! tu as laissé la Mort entrer chez toi et bercer ton enfant, au lieu de la chasser. Tu t'es endormie pendant qu'elle était là ; elle n'attendait qu'une chose : c'était que tu fermasses les yeux ; alors elle a pris ton enfant. Je l'ai vue s'enfuir rapidement et l'emportant entra ses bras. Elle allait vite comme le vent, et ce qu'emporte la Mort, pauvre mère, elle ne le rapporte jamais !

— Oh ! dites-moi seulement le chemin qu'elle a pris, s'écria la mère, et je saurai bien la retrouver, moi.

— Certes, rien ne m'est plus facile, dit la femme noire ; mais, avant de le faire, je veux que tu me chantes toutes les chansons que tu chantais à ton enfant en le berçant. Je suis la Nuit, et j'ai vu couler tes larmes lorsque tu les chantais.

— Je vous les chanterai toutes, depuis la première jusqu'à la dernière, dit la mère, mais un autre jour, mais plus tard ; laissez-moi passer maintenant, afin que je puisse les rejoindre et retrouver mon enfant.

Mais la Nuit resta muette et inflexible ; alors la pauvre mère, en se tordant les bras, lui chanta toutes les chansons qu'elle avait chantées à son enfant. Il y avait beaucoup de chansons, mais il y eut encore plus de larmes.

Quand elle eut chanté sa dernière chanson et que sa voix se fut éteinte dans son plus douloureux sanglot, la Nuit lui dit :

— Va droit à ce sombre bois de cyprès ; j'ai vu la Mort y entrer avec ton enfant.

La mère y courut ; mais, au milieu du bois, le chemin bifurquait. Elle s'arrêta, ne sachant si elle devait prendre à droite ou à gauche.

A l'angle des deux chemins, il y avait un buisson d'épines qui n'avait plus ni feuilles ni fleurs, car c'était l'hiver; il était couvert de givre, et des glaçons pendaient à chacune de ses branches.

— N'as-tu pas vu la Mort passer avec mon enfant? demanda la mère au buisson.

— Oui, répondit l'arbuste; mais je ne te dirai point le chemin qu'elle a pris, que tu ne m'aies rechauffé à ton sein; car, tu le vois, je ne suis qu'un glaçon.

La mère, sans hésiter, se mit à genoux et pressa le buisson contre son sein, afin qu'il dégelât; les épines pénétrèrent dans sa poitrine, et le sang coulait à grosses gouttes.

Mais, au fur et à mesure que le sein de la mère était déchiré et que son sang coulait, il poussait au buisson, qui était une aubépine, de belles feuilles vertes et de belles feuilles roses, tant est chaud le cœur d'une mère !

Et le buisson, alors, lui indiqua le chemin qu'elle devait suivre.

Elle le prit en courant et parvint ainsi au rivage d'un grand lac, sur lequel on ne voyait ni vaisseau ni barque; le lac était trop gelé pour qu'on essayât de le passer à la nage, pas assez pour qu'on pût le passer à pied.

Il fallait cependant, tout impossible que cela

paraissait au premier abord, que cette mère affligée le traversât.

Elle tomba à genoux, espérant que Dieu ferait un miracle en sa faveur.

—N'espère pas l'impossible, lui dit le génie du lac en levant sa tête blanche au-dessus de l'eau. Voyons plutôt, à nous deux, si nous en viendrons à bout. J'aime à amasser les perles, et tes yeux sont les plus brillants que j'aie vus ; veux-tu pleurer dans mes eaux jusqu'à ce que tes yeux tombent ? Car alors tes larmes deviendront des perles et tes yeux des diamants. Après cela, je te transporterai sur mon autre bord, à la grande serre chaude où demeure la Mort et où elle cultive les arbres et les fleurs dont chacun représente une vie humaine.

— Oh ! ne veux-tu que cela ? dit la pauvre désolée, je te donnerai tout, tout, pour arriver à mon enfant.

Et elle pleura, elle pleura tant, que ses yeux, n'ayant plus de larmes, suivirent les larmes, qui étaient devenues des perles, et tombèrent dans le lac, où ils devinrent des diamants.

Alors le génie du lac sortit ses deux bras de l'eau, la prit, et en un instant la transporta de l'autre côté de ses eaux.

Puis il la déposa sur la rive où était situé le palais des fleurs vivantes.

C'était un immense palais tout en verre, ayant

plusieurs lieues de long, doucement chauffé l'hiver par des poêles invisibles, et l'été par le soleil.

La pauvre mère ne pouvait le voir, puisqu'elle n'avait plus d'yeux.

Elle chercha en tâtonnant, jusqu'à ce qu'elle en trouvât l'entrée ; mais sur le seuil se tenait la concierge du palais.

— Que venez-vous chercher ici ? demanda la concierge.

— Oh ! une femme ! s'écria la mère, elle aura pitié de moi.

Puis, à la femme :

— Je viens chercher la Mort, qui m'a pris mon enfant, dit-elle.

— Comment es-tu venue jusqu'ici et qui t'y a aidée? demanda la vieille.

— C'est le bon Dieu, dit la mère. Il a eu pitié de moi. Toi aussi, tu auras pitié de moi et tu me diras où je puis retrouver mon enfant.

— Je ne le connais pas, répondit la vieille, et, toi, tu ne peux plus le voir. Beaucoup de fleurs, et d'arbres sont morts cette nuit. La Mort va bientôt venir pour les replanter ; car tu n'ignores pas que chaque créature humaine a son arbre ou sa fleur de vie, suivant que chacun est organisé. Ils ont la même apparence que les autres végétaux, mais ils ont un cœur, et ce cœur bat toujours ; car, lorsque les hommes ne vivent plus sur la terre, ils vivent au ciel. Et, comme les cœurs des enfants battent comme les cœurs des grandes personnes, peut-être au toucher reconnaîtras-tu le battement du tien.

— Oh ! oui, oui, dit la mère, je le reconnaîtrai, j'en suis sûre.

— Quel âge avait ton enfant ?

— Un an ; il souriait depuis six mois, et avait dit pour la première fois *maman*, hier au soir.

— Je vais te conduire dans la salle des enfants d'un an ; mais que me donneras-tu ?

— Qu'ai-je encore à donner ? demanda la mère. Rien, vous le voyez ; mais, s'il faut aller pour vous pieds nus au bout du monde, j'irai !

— Je n'ai rien à faire au bout du monde, répondit sèchement la vieille ; mais, si tu veux me donner tes longs et beaux cheveux noirs en échange de mes cheveux gris, je ferai ce que tu désires.

— Ne désirez-vous que cela ? dit la pauvre femme. Oh ! prenez-les, prenez-les !

Et elle lui donna ses longs et beaux cheveux noirs et reçut en échange les cheveux gris de la vieille.

Elles entrèrent alors dans la grande serre chaude de la Mort, où fleurs, plantes, arbres, arbustes, sont rangés et étiquetés selon leur âge.

Il y avait des jacinthes sous des cloches de verre, des plantes aquatiques nageant à la surface des bassins, quelques-unes fraîches et bien portantes, d'autres malades et à demi fanées; des serpents d'eau se couchaient enroulés sur celles-ci, et des écrevisses noires grimpaient après leurs tiges. Il y avait là de magnifiques palmiers, des chênes gigantesques, des platanes et des sycomores immenses; il y avait des bruyères, des serpolets, du thym en fleurs. Chaque arbre, chaque plante, chaque fleur, chaque brin d'herbe avait son nom et représentait une vie humaine, les unes en Europe, les autres en Afrique, celles-ci en Chine, celles-là au Groenland. Il y avait de grands arbres dans de petites caisses qui paraissaient sur le point d'éclater, étant devenues trop étroites. Il y avait aussi maintes petites plantes dans de trop grands vases, dix fois trop grands pour elles. Les caisses trop étroites représentaient les pauvres, les vases trop grands représentaient les riches.

Enfin, la pauvre mère arriva dans la salle des enfants.

— C'est ici, lui dit la vieille.

Alors la mère se mit à écouter battre les cœurs et à tâter les cœurs qui battaient.

Elle avait mis si souvent la main sur la poitrine du pauvre petit être que la Mort lui avait pris, qu'elle eût reconnu ce battement du cœur de son enfant au milieu d'un million d'autres cœurs.

— Le voilà! le voilà! s'écria-t-elle enfin en

étendant les deux mains sur un petit cactus qui se penchait tout maladif sur un côté.

— Ne touche pas à la fleur de ton enfant, lui dit la vieille, mais place-toi ici tout près. J'attends la Mort à chaque instant, et, quand elle viendra, ne lui laisse pas arracher la plante, mais menace-la, si elle persiste, d'en faire autant à deux autres fleurs : elle aura peur ; car, pour qu'une plante, une fleur ou un arbre soient arrachés, il faut l'ordre de Dieu, et elle doit compte à Dieu de toutes les plantes humaines.

— Ah ! mon Dieu, dit la mère, pourquoi ai-je si froid ?

— C'est la Mort qui rentre, dit la vieille ; reste là et souviens-toi de ce que je t'ai dit.

Et la vieille s'enfuit.

A mesure que la Mort approchait, la mère sentait le froid redoubler.

Elle ne pouvait la voir, mais elle devina qu'elle était devant elle.

— Comment as-tu pu trouver ton chemin jusqu'ici ? demanda la Mort ; comment surtout as-tu pu être ici avant moi ?

— Je suis mère ! lui répondit-elle.

Et la Mort étendit son bras décharné vers le petit cactus ; mais la mère le couvrit de ses mains avec tant de force et tant de précaution, qu'elle n'endommagea point une seule de ses feuilles.

Alors la Mort souffla sur les mains de la mère, et elle sentit que ce souffle était froid comme s'il sortait d'une bouche de marbre.

Ses muscles se détendirent et ses mains se détachèrent de la plante sans force et sans chaleur.

— Insensée! tu ne saurais lutter contre moi, dit la Mort.

— Non; mais le bon Dieu le peut, répondit la mère.

— Je ne fais que ce qu'il me commande, répliqua la Mort. Je suis son jardinier, je prends les arbres et les fleurs qu'il a plantés sur la terre et les replante dans le grand jardin du paradis.

— Rends-moi donc mon enfant, dit la mère en pleurant et en suppliant; ou arrache mon arbre en même temps que le sien.

— Impossible, dit la Mort : tu as encore plus de trente années à vivre.

— Plus de trente années! s'écria la mère désespérée; et que veux-tu, ô Mort, que je fasse de ces trente ans? Donne-les à quelque mère plus heureuse, comme j'ai donné mon sang au buisson, mes yeux au lac, mes cheveux à la vieille.

— Non, dit la Mort, c'est l'ordre de Dieu et je n'y puis rien changer.

— Eh bien, dit la mère, à nous deux alors. — Mort, si tu touches à la plante de mon enfant, j'arrache toutes ces fleurs.

Et elle saisit à pleines mains deux jeunes fuchsias.

— Ne touche pas à ces fleurs, s'écria la Mort. Tu dis que tu es malheureuse, et tu veux rendre une autre mère plus malheureuse encore que toi; car ces deux fuchsias sont deux jumeaux.

— Oh! fit la pauvre femme.

Et elle lâcha les deux fleurs.

Il se fit un silence pendant lequel on eût dit que la Mort éprouvait un mouvement de pitié.

— Tiens, dit la Mort en présentant à la mère deux beaux diamants, voici tes yeux : je les ai pêchés en passant dans le lac; reprends-les; ils sont plus beaux et plus brillants qu'ils n'ont jamais été. Je te les rends : regarde avec eux dans cette source profonde qui coule à côté de toi. Je te dirai les noms de ces deux fleurs que tu voulais arracher, et tu y verras tout l'avenir, toute la vie humaine de ces deux enfants. Tu apprendras alors ce que tu voulais détruire; tu verras ce que tu voulais refouler dans le néant.

Et, reprenant ses yeux, la mère regarda dans la source.

C'était un magnifique spectacle que de voir à quel avenir de bonheur et de bienfaisance étaient réservés ces deux êtres qu'elle avait failli anéantir. — Leur vie s'écoulait dans une atmosphère de joie, au milieu d'un concert de bénédictions.

— Ah! murmura la mère en mettant la main sur ses yeux, j'ai failli être bien coupable.

— Regarde, dit la Mort.

Les deux fuchsias avaient disparu, et, à leur place, on voyait un petit cactus qui prenait la forme d'un enfant; puis l'enfant grandissait et devenait un jeune homme plein de brûlantes passions; tout était chez lui larmes, violences et douleur. — Il finissait par le suicide.

— Ah! mon Dieu, qu'était-ce que celui-là? demanda la mère.

— C'était ton enfant, répondit la Mort.

La pauvre femme poussa un gémissement et s'affaissa sur la terre.

Puis, après un instant, levant les bras au ciel :

— O mon Dieu, dit-elle, puisque vous l'avez pris, gardez-le. Ce que vous faites est bien fait.

La Mort, alors, étendit le bras vers le petit cactus.

Mais la mère lui arrêta le bras d'une main, et, de l'autre, lui rendant ses deux yeux :

— Attends, dit-elle, que je ne le voie pas mourir.

Et la pauvre mère vécut trente ans encore, aveugle, mais résignée.

Dieu avait mis l'enfant au rang des anges; — il mit la mère au rang des martyrs.

UN FAIT PERSONNEL.

Parlons d'une lettre de moi qui a fait beaucoup plus de bruit que je ne désirais qu'elle en fît, et surtout qu'elle n'était appelée à en faire.

Un jour, un de mes amis vint me dire, tout indigné, que mademoiselle Augustine Brohan, correspondante du *Figaro*, sous le nom de Suzanne, venait sinon d'insulter, du moins d'attaquer Victor Hugo.

Je voudrais qu'une fois pour toutes on comprît bien le triple sentiment qui m'attache à Victor Hugo.

Je le connais depuis la soirée de *Henri III*, c'est-à-dire depuis le 11 février 1828; depuis ce jour, il est mon ami; depuis longtemps, j'étais son admirateur : je le suis toujours.

Seulement, aujourd'hui à ces deux sentiments s'en joint un troisième pour lequel je cherche inutilement un nom. C'est au cœur de le comprendre; mais la langue ne peut l'exprimer.

Victor Hugo est proscrit.

Qu'éprouve de plus pour un homme proscrit, celui qui déjà l'aime et l'admire ?

Quelque chose comme une religion.

Eh bien, c'était contre cette religion qu'à mon avis, venait d'être commis un acte qui ressemblait à un sacrilége, — surtout de la part d'une artiste dramatique, — surtout de la part d'une actrice qui a joué dans les pièces d'Hugo, — surtout de la part d'une femme !

Le coup qui ne pouvait atteindre Hugo me frappa profondément.

Je pris la plume, et, sans intention aucune de publicité, j'écrivis à M. le directeur du Théâtre-Français la lettre suivante :

« Monsieur,

» J'apprends que le courrier du *Figaro*, signé Suzanne, est de mademoiselle Augustine Brohan.

» J'ai pour M. Victor Hugo une telle amitié et une telle admiration, que je désire que la personne qui l'attaque au fond de son exil ne joue plus dans mes pièces.

» Je vous serai, en conséquence, obligé de retirer du répertoire *Mademoiselle de Belle-Isle* et les *Demoiselles de Saint-Cyr*, si vous n'aimez mieux distribuer à qui vous voudrez les deux rôles qu'y joue mademoiselle Brohan.

» Veuillez agréer, etc.

» ALEX. DUMAS. »

Je savais parfaitement que je n'avais pas le droit de retirer mes pièces du répertoire; je savais parfaitement que je n'avais pas le droit de retirer mes rôles à mademoiselle Brohan.

Je protestais, voilà tout.

Si j'eusse eu le droit de retirer pièces ou rôles, je les eusse retirés par huissier, et n'eusse point écrit au directeur.

Je crus, en effet, un instant, que l'on avait accédé à ma prière. On joua les *Demoiselles de Saint-Cyr*, et mademoiselle Fix avait repris le rôle de mademoiselle Brohan.

Mais on joua *Mademoiselle de Belle-Isle*, et mademoiselle Brohan avait conservé son rôle.

C'est alors seulement que je crus que ma lettre devait être publiée, et que je la publiai.

Cette lettre fit un effet auquel j'étais loin de m'attendre. Je n'y avais vu qu'un acte d'amitié : on y vit un acte — à peine oserai-je le dire — un acte de courage.

De courage, bon Dieu ! on est courageux à bon marché, par le temps qui court !

La lettre eut un écho rapide dans un grand nombre de cœurs.

Je reçus cinquante cartes, je reçus vingt lettres.

Je me contenterai de citer trois de ces lettres.

« Monsieur Alexandre Dumas,

» Ce sont d'obscurs citoyens inconnus de vous, inconnus de M. Victor Hugo, qui, au nom de la gloire et de l'infortune insultées par une femme, viennent, dans toute l'effusion de leur cœur, vous remercier de votre noble lettre à M. Empis.

» Général TRAVAILLAUD ; AUGUSTE OLLIER ; SALVADOR BER ; J. GAUDARD. »

« Cher Dumas,

» Du fond de notre chartreuse, où votre souvenir est vivant comme partout où nous vivons, je vous embrasse avec la plus vive tendresse ; c'est un élan de sœur qui vous remercie de vous ressembler toujours, fidèle ami du malheur. Pauline a bondi pour m'apprendre cette sublime et simple protestation qui soude ensemble les deux plus grands cœurs du monde et nos deux plus chères gloires : la sienne s'appelle *Souffrance* et la vôtre *Bonté*.

» Merci pour nous tous de la part du bon Dieu.

» MARCELINE [1]. »

« Cher Dumas,

» Les journaux belges m'apportent, avec tous les commentaires glorieux que vous méritez, la lettre que vous venez d'écrire au directeur du Théâtre-Français.

» Les grands cœurs sont comme les grands astres : ils ont leur lumière et leur chaleur en eux; vous n'avez donc pas besoin de louanges; vous n'avez donc pas même besoin de remercîments; mais j'ai besoin de vous dire, moi, que je vous aime tous les jours davantage, non-seulement parce que vous êtes un des éblouissements de mon siècle, mais aussi parce que vous êtes une de ses consolations.

» Je vous remercie.

» Mais venez donc à Guernesey ; vous me l'avez promis, vous savez. Venez y chercher le serrement de main de tous ceux qui m'entourent, et qui ne

[1] Madame Desbordes-Valmore.

se presseront pas moins filialement autour de vous qu'autour de moi.

» Votre frère,

» VICTOR HUGO. »

N'est-ce pas trop, en vérité, de trois lettres pareilles, en récompense d'avoir accompli un simple devoir, cédé à un premier mouvement de cœur?

Ah! monsieur de Talleyrand, vous avez proféré un grand blasphème, quand vous avez dit : « Ne cédez pas à votre premier mouvement, car c'est le bon. »

Mais, comme vous vous êtes enlevé une grande joie en le mettant en pratique, j'espère que Dieu ne vous a pas imposé d'autre punition en l'autre monde que celle que vous vous étiez faite à vous-même en celui-ci.

Le chœur de désapprobation qui s'était élevé contre mademoiselle Augustine Brohan était tel, qu'elle crut devoir me répondre.

Un matin, on m'apporta le *Constitutionnel*, et j'y lus cette lettre :

« Monsieur le Rédacteur,

» J'ai lu, dans l'*Indépendance belge*, une lettre par laquelle M. Alexandre Dumas père invite M. l'administrateur général de la Comédie-Française à retirer du répertoire les pièces de *Mademoiselle de Belle-Isle* et des *Demoiselles de Saint-Cyr*, ou à distribuer à une autre artiste les rôles dont je suis chargée dans ces ouvrages.

» M. Dumas sait très-bien qu'il n'a le droit, ni de retirer les pièces du répertoire, ni d'en changer la distribution.

» Il doit savoir également que, depuis plus d'un an, j'ai spontanément renoncé en faveur de mademoiselle Fix au rôle, un peu trop jeune pour moi, de la pensionnaire de Saint-Cyr.

« Ce qu'il ignore, peut-être, c'est que je n'ai joué le rôle *secondaire* de la marquise de Prie dans *Mademoiselle de Belle-Isle*, pour les débuts de mademoiselle Stella Colas, qu'à regret et sur les instances réitérées de M. Empis.

» J'y renoncerai avec empressement, le jour où le jugera convenable M. l'administrateur du Théâtre-Français, à qui j'ai été heureuse de prouver en cette occasion mon désir de lui plaire.

» Quant à la leçon que M. Dumas prétend me donner, je ne saurais l'accepter. J'ai pu, dans un moment inopportun peut-être, porter un jugement consciencieux sur des actes et des écrits que leur auteur lui-même livrait au public; je ne blessais ni d'anciennes amitiés, ni même d'anciennes admirations. Mais, dans ces questions délicates, moins qu'à personne il appartient de prendre la parole à l'homme qui n'a pas su respecter dans ses anciens bienfaiteurs un exil doublement sacré.

» Agréez, etc.,

» A. Brohan. »

Nous ne sommes de l'avis de mademoiselle Brohan, ni sur le rôle de mademoiselle Mauclerc, ni sur celui de madame de Prie.

Mademoiselle Augustine Brohan, âgée de trente-sept ans à peine, et toujours jolie, pouvait parfaitement jouer la pensionnaire de Saint-Cyr, puisque mademoiselle Mars, à cinquante, jouait celui de la duchesse de Guise, et, à cinquante-huit, celui de mademoiselle de Belle-Isle.

Quant au rôle *secondaire* de madame de Prie, qu'elle a joué par complaisance, dit-elle, peut-être est-il devenu un rôle secondaire aujourd'hui; mais, du temps de mademoiselle Mante, c'était un premier rôle; j'en appelle à tous ceux qui l'ont vu jouer à cette éminente actrice.

Passons à mon ingratitude envers *mes bienfaiteurs*.

Je ne discuterai pas avec mademoiselle Brohan la signification multiple de ce mot bienfaiteur. Je le prends dans son sens ordinaire et moral. Donc, quant à mon ingratitude envers *mes bienfaiteurs*, je remercie mademoiselle Augustine Brohan de me placer sur ce terrain. Je vois que, malgré ma lettre, elle est toujours restée mon amie.

Attaqué, je dois répondre.

Ceux qui ont lu mes *Mémoires* savent qu'entré dans les bureaux du duc d'Orléans, en 1823, sur la recommandation du général Foy, j'y restai sept ans :

Une année, comme expéditionnaire, à 1,200 francs ;

Trois ans, comme employé au secrétariat, à 1,500 francs ;

Deux ans, comme commis d'ordre, à 2,000 francs ;

Deux ans, comme bibliothécaire adjoint, à 1,200 francs.

Là se sont bornés à mon égard les bienfaits du duc d'Orléans (Louis-Philippe), bienfaits en échange desquels je lui consacrais neuf heures de mon temps par jour.

En 1830, je donnai ma démission de bibliothécaire adjoint, afin d'avoir le droit, non-seulement d'avoir une opinion, mais encore de la dire tout haut.

Je perdis immédiatement la protection de mon bienfaiteur couronné, et jamais depuis je ne la reconquis, ni n'essayai de la reconquérir.

Mais, en compensation, je conservai une amitié bien précieuse : celle du prince royal.

Ah ! celui-là fut mon véritable *bienfaiteur*.

J'obtins de lui la grâce d'un homme condamné aux galères.

J'obtins de lui la vie d'un homme condamné à mort.

Aussi, envers celui-là, ma reconnaissance ne s'est point démentie : je l'ai aimé et respecté vivant ; mort, je le vénère.

Racontons en deux mots comment se nouèrent plus tard les relations que j'eus l'honneur d'avoir avec M. le duc de Montpensier.

C'était à la première représentation des *Mousquetaires*, à l'Ambigu, le 27 octobre 1845.

La pièce en était au huitième ou dixième tableau, et était en train de conquérir le succès qui se traduisit par cent cinquante ou cent soixante représentations consécutives.

Le duc de Montpensier assistait à la représentation.

Pasquier, son chirurgien, vint frapper à ma loge.

— Le duc de Montpensier te demande, me dit-il.

— Pourquoi faire ?

— Mais pour te faire ses compliments.

— Je ne le connais pas.

— Vous ferez connaissance.

— Je suis en redingote et en cravate noire.

— Un jour de triomphe, on n'y regarde pas de si près.

Je suivis Pasquier.

Trois mois après, la direction du Théâtre-Historique était accordée à M. Hostein.

Un an plus tard, le Théâtre-Historique jouait la *Reine Margot*, comme pièce d'ouverture.

Je paye aujourd'hui deux cent mille francs *ce bienfait* de M. le duc de Montpensier; mais je ne lui en suis pas moins reconnaissant.

Et la preuve, c'est que, le 4 mars 1848, c'est-à-dire sept jours après la révolution de février, au milieu de l'effervescence républicaine qui remplissait les rues de bruit et de clameurs, j'écrivis cette lettre dans le journal *la Presse* :

A Monseigneur le duc de Montpensier.

« Prince,

» Si je savais où trouver Votre Altesse, ce serait de vive voix, ce serait en personne que j'irais lui offrir l'expression de ma douleur pour la grande catastrophe qui l'atteint personnellement.

» Je n'oublierai jamais que, pendant trois ans, en dehors de tout sentiment politique et contrairement aux désirs du roi, qui connaissait mes opinions, vous avez bien voulu me recevoir et me traiter presque en ami.

» Ce titre d'ami, monseigneur, quand vous habitiez les Tuileries, je m'en vantais; aujourd'hui que vous avez quitté la France, je le réclame.

» Au reste, monseigneur, Votre Altesse, j'en suis certain, n'avait point besoin de cette lettre pour savoir que mon cœur est un de ceux qui lui sont acquis.

» Dieu me garde de ne pas conserver dans toute sa pureté la religion de la tombe et le culte de l'exil.

» J'ai l'honneur d'être avec respect,

» Monseigneur, de Votre Altesse royale,

» Le très-humble et très-obéissant serviteur,

» ALEX. DUMAS. »

A cette époque, et pendant le moment d'effervescence où l'on se trouvait, il y avait quelque danger à écrire une pareille lettre.

Et vous allez le voir, chers lecteurs.

Le lendemain ou le surlendemain du jour où cette lettre parut, il y avait, à la Bastille, inhumation des citoyens tués pendant les trois jours de 1848.

Ils allaient rejoindre les patriotes de 1789 et de 1830.

J'assistai à cette fête, avec mon costume de commandant de la garde nationale de Saint-Germain.

Je revenais de la Bastille.

Depuis quelque temps, j'entendais une rumeur grossissante derrière moi.

A l'entrée de la rue Grange-Batelière, je crus m'apercevoir que j'étais l'objet de cette rumeur, et je me retournai.

En effet, un homme avait ameuté une cinquantaine d'individus et me suivait avec eux.

En voyant que je me retournais, cet homme vint à moi.

— C'est donc toi, citoyen Alexandre Dumas, me dit-il, qui appelle Montpensier *monseigneur*.

— Monsieur, lui répondis-je avec ma politesse accoutumée, j'appelle toujours un exilé *monseigneur;* c'est une mauvaise habitude peut-être; mais, que voulez-vous! elle est prise ainsi.

— Eh bien, tiens, continua le citoyen X..., voilà pour ta peine.

Et, à ce mot, il tira un pistolet de dessous son paletot, et me le mit sur la poitrine.

Un jeune homme que je ne connaissais pas, M. Émile Mayer, qui demeure aujourd'hui rue de Buffaut, nº 17, releva avec son bras le pistolet du citoyen X...

Le pistolet partit en l'air.

J'avais tiré mon sabre du fourreau ; je pouvais le passer au travers du corps du citoyen X... ; je jugeai la représaille inutile ; je rentrai chez moi.

L'événement se passa en plein jour et devant deux cents personnes ; il est donc incontestable, et, s'il était contesté, vingt témoins seraient là pour affirmer ce que je raconte.

Le bruit n'en est pas venu jusqu'à mademoiselle Brohan.

Cela n'a rien d'étonnant ; on faisait tant de bruit à cette époque, surtout au Théâtre-Français, où mademoiselle Rachel chantait la *Marseillaise*.

Mais le bruit en vint jusqu'à M. le prince de Joinville.

Lorsqu'il fut question de former l'assemblée constituante, un de ses aides de camp vint me trouver de sa part.

C'était un capitaine de frégate.

— Monsieur Dumas, me dit-il, le prince de Joinville désire se mettre sur les rangs pour la députation.

Je m'inclinai, attendant la suite de l'ouverture.

Le capitaine continua.

— Il me charge de vous demander votre avis sur la façon dont doit être rédigée sa profession de foi.

— Ah ! répondis-je, monsieur, c'est bien simple !

Et je pris une feuille de papier, et j'écrivis :

« Saint-Jean d'Ulloa. — Tanger. — Mogador.
Retour des cendres de Sainte-Hélène.

» JOINVILLE. »

— Voilà, dis-je en remettant la feuille de papier au capitaine, la meilleure profession de foi qu'à mon avis, puisse faire M. le prince de Joinville.

Le prince de Joinville adopta une autre rédaction.

Je crois qu'il eut tort.

L'assemblée nationale réunie, on discuta la loi d'exil.

J'avais alors un traité avec le journal *la Liberté*. J'y étais entré au mois de mars, lorsqu'il tirait à douze ou treize mille exemplaires.

Au 15 mai suivant, il tirait à quatre-vingt-quatre mille.

La *Liberté* était devenue une puissance.

C'était un M. Lepoitevin Saint-Alme qui en était rédacteur en chef.

Je crus devoir protester contre la loi d'exil qui frappait tous les membres de la famille d'Orléans.

J'apportai ma protestation à M. Lepoitevin Saint-Alme, qui refusa de l'insérer.

Je rompis mon traité avec la *Liberté*.

Puis j'allai porter ma protestation de journaux en journaux.

Tous refusèrent.

J'allai à la *Commune de Paris*, c'est-à-dire dans la gueule du lion.

J'attaquais tous les jours Sobrier et Blanqui.

La *Commune de Paris* fit ce qu'aucun journal n'avait osé faire, elle inséra ma protestation.

Ce n'est pas le tout.

Lorsque le prince Louis-Napoléon fut nommé président de la République, je lui adressai, le 19 décembre 1848, une lettre sur le même sujet et qui fut publiée par le journal l'*Événement*.

Étrange coïncidence, l'*Événement*, dans lequel je demandais le rappel de tous les exilés, était le journal de Victor Hugo !

Ceux qui désireront lire cette lettre la trouveront à la date du 19 décembre.

Enfin, lorsque le roi Louis-Philippe mourut, je fis le voyage de Paris à Claremont, pour assister à son convoi, comme, dix ans auparavant, j'avais fait le voyage de Florence à Dreux pour assister à celui du duc d'Orléans.

Selon toute probabilité, ces différents faits ne sont point parvenus à la connaissance de mademoiselle Augustine Brohan.

Il n'y a rien là d'étonnant; à cette époque, mademoiselle Augustine Brohan n'était pas encore journaliste.

Une dernière anecdote.

On se rappelle que c'est sous l'influence du duc de Montpensier que le Théâtre-Historique s'était ouvert.

Le duc de Montpensier avait sa loge au Théâtre-Historique.

La révolution de février terminée, le duc de Montpensier parti, sa loge, dont il n'avait pas renouvelé la location, se trouvait vacante.

J'allai trouver M. Hostein et le priai de ne louer cette loge à personne, la prenant pour mon compte.

M. Hostein y consentit.

Pendant près d'un an, la loge du duc de Montpensier resta vide, et éclairée aux premières représentations, comme si elle l'attendait.

Il y a plus : le duc de Montpensier, à chaque première représentation, recevait, avec une lettre de moi, son coupon de loge à Séville.

Au bout d'un an, son secrétaire intime, M. Latour, vint faire un voyage à Paris.

A peine arrivé, il accourut chez moi.

Il venait me faire des compliments de la part du prince.

Après avoir causé de beaucoup de choses, — les sujets de conversation ne manquaient point à cette époque, — nous en arrivâmes au Théâtre-Historique.

— A propos, me dit-il, ai-je encore mes entrées?

— Où cela?

— Au Théâtre-Historique.

— Parbleu!

— Je veux dire mes entrées sur la scène.

— Avez-vous toujours votre clef de communication?

— Oui.

— Eh bien, cher ami, servez-vous-en ce soir; les révolutions changent les gouvernements, mais elles ne changent pas les serrures. Seulement, à mon tour. — A propos...

— Quoi?

— Le prince reçoit ses coupons de loge, n'est-ce pas?

— Certainement.

— Qu'a-t-il dit quand il a reçu le premier?

— Il s'est mis à rire en disant : « Ce farceur de Dumas! »

— Tiens, c'est singulier, répondis-je; à sa place, je me serais mis à pleurer.

J'allai à mon bureau.

— Vous écrivez? me demanda Latour.

— Oh! rien, un mot.

J'écrivais, en effet.

J'écrivais à M. Hostein :

« Mon cher Hostein,

» Vous pouvez, à partir de demain, disposer de l'avant-scène de M. le duc de Montpensier. Je trouve que c'est un peu trop cher de payer une loge à l'année pour faire rire un prince.

» Tout à vous,

» Alex. Dumas. »

LE CURÉ DE BOULOGNE.

Voici une petite histoire qui est populaire dans la marine française et que je meurs d'envie de populariser parmi les *terriens*.

Vous me direz si elle valait la peine d'être racontée.

*
* *

Le 14 novembre de l'année 1766, une calèche

découverte, attelée de chevaux de poste, emportant trois officiers de marine, dont l'un était assis sur la banquette du fond, et les deux autres sur la banquette de devant, — ce qui indiquait une différence notable dans les grades, — traversait le bois de Boulogne, venant de la barrière de l'Étoile, et suivant l'avenue de Saint-Cloud.

A la hauteur du château de la Muette, elle croisa un prêtre qui se promenait à petits pas, lisant son bréviaire, dans une des contre-allées.

— Hé! postillon, cria l'officier assis au fond de la calèche, arrêtez donc un peu, s'il vous plaît.

Le postillon s'arrêta.

Cette invitation donnée à haute voix, et le bruit que fit le postillon en arrêtant ses chevaux, amenèrent naturellement le prêtre à lever la tête, et à fixer les yeux sur la calèche et les trois voyageurs.

— Pardieu! je ne me trompais pas, dit l'officier assis au fond de la voiture, c'est toi, mon cher Rémy!

Le prêtre regardait avec étonnement; cependant, peu à peu son visage s'éclairait du jour qui se faisait en lui-même, et sa bouche passait de l'étonnement au sourire.

— Ah! dit-il enfin, c'est vous!

— Comment, *vous*?

— Non... c'est toi, Antoine!

— Oui, c'est moi, Antoine de Bougainville.

— Mon Dieu ! qu'es-tu donc devenu depuis vingt-cinq ans que nous nous sommes quittés ?

— Ce que je suis devenu, cher ami ? dit Bougainville; viens t'asseoir un instant près de moi, et je te le dirai.

— Mais...

Le prêtre regarda autour de lui avec inquiétude, comme s'il avait peur de s'écarter de son domicile.

Bougainville comprit sa crainte.

— Sois tranquille; nous irons au pas, répondit-il.

Un valet descendit du siége de derrière, et abaissa le marchepied.

— C'est qu'il est onze heures un quart, dit le prêtre, et Marianne m'attend pour dîner à midi.

— Où demeures-tu, d'abord?... Mais assieds-toi donc !

Et Bougainville tira légèrement par sa soutane le prêtre, qui s'assit.

— Où je demeure? dit celui-ci.

— Oui.

— A Boulogne... Je suis curé de Boulogne, mon ami.

— Ah! ah ! je t'en fais mon compliment ; tu avais toujours eu la vocation.

— Aussi, tu vois, suis-je entré dans les ordres.

— Et tu es content?

— Enchanté, mon ami ! La cure de Boulogne n'est pas une cure de premier ordre : elle ne rapporte que huit cents livres ; mais mes goûts sont modestes, et il me reste encore quatre cents livres par an à donner aux pauvres.

— Cher Rémy !... — Vous pouvez aller au petit trot, afin que nous perdions le moins de temps possible.

Le postillon fit prendre à ses chevaux l'allure demandée, laquelle, si modérée qu'elle fût, n'en amena pas moins un nuage d'inquiétude sur la physionomie du curé.

— Mais sois donc tranquille, dit Bougainville, puisque nous allons du côté de Boulogne.

— Mon ami, dit en riant l'abbé Rémy, il y a vingt ans que je suis curé à Boulogne ; il y a quinze ans que Marianne est avec moi, et jamais, à moins d'être retenu près d'un mourant, je ne suis rentré à midi cinq minutes ; aussi, à midi juste, la soupe est sur la table, et... tu comprends?...

— Oui ; ne crains rien, je ne voudrais pas inquiéter Marianne... A midi juste, tu seras chez toi.

— Voilà qui me rassure... Mais parlons un peu de toi-même : n'est-ce pas l'uniforme de la marine que tu portes là?

— Oui, je suis capitaine de vaisseau.

— Comment cela se fait-il? Je te croyais avocat!

— Vraiment?

— Dame, en sortant du collége, ne t'étais-tu pas mis à l'étude des lois?

— Que veux-tu, mon cher Rémy! toi, l'élu du Seigneur, tu dois mieux que personne connaître le proverbe: « L'homme propose et Dieu dispose! » C'est vrai, j'ai été reçu, en 1752, avocat au parlement de Paris.

— Ah! je savais bien, moi! dit le bon prêtre en tirant de son bréviaire son doigt, qui indiquait la place où il en était resté de sa lecture. Ainsi tu as été reçu avocat?

— Oui, mais, en même temps que j'étais reçu avocat, continua Bougainville, je me faisais inscrire aux mousquetaires.

— Oh! en effet, tu avais toujours eu du goût pour les armes, et surtout des dispositions pour les mathématiques.

— Tu te rappelles cela?

— Tiens, par exemple! N'étais-je pas ton meilleur ami au collége?

— Ah! c'est bien vrai!

— Est-ce toi ou ton frère Louis qui est de l'Académie?

Bougainville sourit.

— C'est mon frère, dit-il, ou plutôt c'était mon

frère; car il faut que tu saches que j'ai eu le malheur de le perdre, il y a trois ans.

— Ah! pauvre Louis... Mais, que veux-tu! nous sommes tous mortels, et il fait bon ne regarder cette vie que comme un voyage qui nous mène au port... Pardon, mon ami, il me semble que nous passons Boulogne.

Bougainville regarda à sa montre.

— Bah! dit-il, qu'importe! il n'est que onze heures et demie, et, par conséquent, tu as encore vingt bonnes minutes devant toi. — Plus vite, postillon!

— Comment, plus vite?

— Puisque tu es pressé, mon ami!

— Bougainville!...

— Quoi! le désir de savoir ce que je suis devenu ne l'emporte pas en toi sur la crainte d'inquiéter Marianne par un retard de cinq minutes?... Oh! le triste ami que j'ai là!

— Tu as raison... ma foi, cinq minutes de plus ou de moins... Raconte-moi cela, mon cher Antoine. D'ailleurs, quand je dirai à Marianne que c'est pour toi et par toi que je suis en retard, elle ne grondera plus.

— Marianne me connaît donc?

— Si elle te connaît! je crois bien! Vingt fois je lui ai parlé de toi... Mais, voyons, dépêche-toi, et achève de me dire comment il se fait qu'ayant été reçu avocat, et t'étant fait inscrire dans les mousquetaires, je te retrouve officier de marine.

— C'est bien simple, et, en deux mots, je vais t'expliquer tout cela. En 1753, j'entrai comme aide-major dans le bataillon provincial de Picardie; l'année suivante, je fus nommé aide de camp de Chevert, que je quittai pour devenir secrétaire d'ambassade à Londres et me faire recevoir membre de la société royale; en 1756, je partis comme capitaine de dragons avec le marquis de Montcalm, chargé de défendre le Canada...

— Bon! bon! bon! interrompit l'abbé Rémy, je te vois venir!... Continue, mon ami, continue, je t'écoute.

Complétement captivé par le récit de Bougainville, l'abbé n'avait pas remarqué que les chevaux étaient passés tout doucement du petit trot au grand trot.

Bougainville continua.

— Une fois au Canada, j'étais presque maître de mon avenir; je n'avais qu'à bien faire pour arriver à tout. Je fus chargé par le marquis de Montcalm de plusieurs expéditions que je menai à bonne fin; ainsi, par exemple, après une marche de soixante lieues à travers des bois que l'on jugeait impénétrables, et tantôt sur un terrain couvert de neige, tantôt sur les glaces de la rivière de Richelieu, je m'avançai jusqu'au fond du lac du Saint-Sacrement, où je brûlai une flottille anglaise sous le fort même qui la protégeait.

— Comment! dit l'abbé, c'est toi qui as fait cela? Oh! j'ai lu la relation de cet événement; mais je ne savais pas que tu en fusses le héros...

— N'as-tu pas reconnu mon nom?

— J'ai reconnu le nom, mais je n'ai pas reconnu l'homme... Comment veux-tu que je reconnaisse, dans un basochien que je quitte étudiant les lois, et aspirant à être avocat au parlement, un gaillard qui brûle des flottes au fond du Canada?... Tu comprends bien que ce n'était pas possible!

En ce moment, la voiture s'arrêta devant une maison de poste.

— Oh! dit l'abbé Rémy, où sommes-nous, Antoine?

— Nous sommes à Sèvres, mon ami.

— A Sèvres!... Et quelle heure est-il?

Bougainville regarda à sa montre.

— Il est midi dix minutes.

— Oh! mon Dieu! s'écria l'abbé; mais jamais je ne serai à Boulogne pour midi.

— C'est plus que probable.

— Une lieue à faire!

— Une lieue et demie.

— Si, au moins, je trouvais un coucou...

Il se leva tout droit dans la voiture, porta ses regards autour de lui aussi loin que la vue pouvait s'étendre, et n'aperçut pas le plus mince véhicule.

— N'importe, dit-il, j'irai à pied.

— Mais non, tu n'iras pas à pied, dit Bougainville.

— Comment, je n'irai pas à pied?

— Non, il ne sera pas dit que tu auras attrapé une pleurésie pour avoir fait la conduite à un ami.

— J'irai doucement.

— Oh! je te connais! tu craindras d'être grondé par mademoiselle Marianne, tu presseras le pas, tu arriveras en sueur, tu boiras froid, tu te donneras une fluxion de poitrine... un imbécile de médecin te purgera au lieu de te saigner, ou te saignera au lieu de te purger, et, trois jours après, bonsoir... plus d'abbé Rémy!

— Il faut pourtant que je retourne à Boulogne... — Hé! postillon! postillon! arrêtez... arrêtez donc!

La voiture, relayée, repartait au grand trot.

— Écoute, dit Bougainville, voici ce qu'il y a de mieux à faire.

— Ce qu'il y a de mieux à faire, mon bon ami, mon cher Antoine, c'est d'arrêter les chevaux, afin que je descende et que je regagne Boulogne.

— Mais non, dit Bougainville; ce qu'il y a de mieux à faire, c'est de venir avec moi jusqu'à Versailles.

— Jusqu'à Versailles?...

— Oui, puisque tu as manqué le dîner de mademoiselle Marianne, tu dîneras avec moi à Versailles. Pendant que j'irai prendre les derniers ordres de Sa Majesté, un de ces messieurs se chargera de trouver un coucou qui te ramènera à Boulogne.

— En vérité, mon ami, ce serait avec grand plaisir, mais...

— Mais quoi?

L'abbé Rémy tâta les poches de sa veste, plongea alternativement les deux mains jusqu'au fond de ses goussets.

— Mais, continua-t-il, Marianne n'a pas mis d'argent dans mes poches.

— Qu'à cela ne tienne, mon cher Rémy! à Versailles, je demanderai au roi cent écus pour les pauvres de Boulogne; le roi me les accordera, je te les donnerai; tu leur emprunteras un petit écu afin de retourner en coucou à Boulogne, et tout sera dit.

— Comment! tu crois que le roi te donnera cent écus pour mes pauvres?

— J'en suis sûr.

— Parole d'honneur?

— Foi de gentilhomme!

— Mon ami, voilà qui me décide.

— Merci! tu ne serais pas venu pour moi, et tu viens pour tes pauvres; mieux vaut, à ce qu'il paraît, être ton pauvre que ton ami!

— Je ne dis pas cela, mon cher Antoine; mais, tu comprends, un curé qui se dérange, il lui faut une excuse.

— Une excuse?... Oh! si tu découchais, je ne dis pas...

— Comment, si je découchais? s'écria l'abbé Rémy effrayé; aurais-tu donc l'intention de me faire découcher?... — Postillon! hé! postillon!

— Mais non, n'aie donc pas peur... Au train dont nous allons, nous serons à Versailles à une heure; nous aurons dîné à deux; tu pourras partir à trois.

— Pourquoi à trois, et pas à deux?

— Mais parce qu'il me faut le temps de voir le roi et de lui demander les cent écus.

— Ah! c'est vrai.

— Trois heures pour revenir en coucou de Versailles; tu seras chez toi à six heures.

— Que dira Marianne?

— Bah! quand Marianne te verra revenir avec cent écus émanant directement du roi, Marianne sera heureuse et fière de ton influence.

— Tu as, ma foi, raison... Tu me raconteras tout ce que le roi t'aura dit; elle en aura pour huit jours, avec ses voisines, à parler de cette aventure.

— Ainsi, c'est convenu, nous dînons à Versailles?

— Va pour Versailles ! Mais, au moins, dis-moi la fin de ton histoire.

— Ah ! c'est vrai !... Nous en étions à mon expédition sur le Saint-Sacrement. Elle me valut le grade de maréchal des logis de l'un des corps d'armée et la mission d'aller à Versailles expliquer la situation précaire du gouverneur du Canada et demander pour lui du renfort. Je restai deux ans et demi en France sans rien obtenir de ce que je demandais ; il est vrai que j'obtins ce que je ne demandais pas, c'est-à-dire la croix de Saint-Louis et le grade de colonel à la suite du régiment de Rouergue. J'arrivai au Canada juste pour recevoir du marquis de Montcalm le commandement des grenadiers et des volontaires dans la fameuse retraite de Québec, que je fus chargé de couvrir. Arrivé sous les murs de la ville, Montcalm crut pouvoir risquer une bataille ; les deux généraux furent tués : Montcalm, dans nos rangs ; Wolf, dans ceux des Anglais. — Montcalm mort, notre armée battue, il n'y avait plus moyen de défendre le Canada. Je revins en France, et je fis, en qualité d'aide de camp de M. de Choiseul-Stainville, la campagne de 1761, en Allemagne...

— Mais alors, c'est donc à toi, interrompit le curé de Boulogne, que le roi a fait cadeau de deux canons ?

— Qui t'a appris cela ?

— Mais je l'ai lu, mon ami, dans la *Gazette de la Cour*... Aurais-je pu penser que ce Bougainville-là était mon ami Antoine?

— Et qu'as-tu dit du cadeau?

— Dame, il m'a paru bien mérité... mais, pourtant, j'ai trouvé que le roi aurait pu donner à ce M. Bougainville, que j'étais si loin de me douter être toi, quelque chose de plus facile à transporter que deux canons... car enfin, c'est très-honorable, deux canons, mais on ne peut pas conduire cela partout où l'on va.

— Il y a du vrai dans ce que tu dis là, reprit Bougainville en riant; mais, comme en même temps le roi venait de me nommer capitaine de vaisseau et de me charger de fonder, pour les habitants de Saint-Malo et aussi pour moi-même, un établissement dans les îles Malouines, je pensai que mes deux canons pourraient avoir là leur utilité.

— Ah! cela, c'est vrai, dit l'abbé Rémy; mais, excuse mon ignorance en géographie, mon cher Antoine, où prends-tu les îles Malouines?

— Pardon, mon ami, dit Bougainville, j'aurais dû les appeler les îles Falkland, attendu que c'est moi qui leur ai donné ce nom d'îles Malouines, en l'honneur de la ville de Saint-Malo.

— A la bonne heure! dit l'abbé Rémy en souriant, sous ce nom-là, je les reconnais! Les îles

Falkland appartiennent à l'archipel de l'océan Atlantique ; je les vois d'ici, près de la pointe méridionale de l'Amérique du Sud, à l'est du détroit de Magellan.

— Par ma foi, dit Bougainville, Strong, qui les a baptisées, n'aurait pas mieux déterminé leur gisement... Tu t'occupes donc de géographie dans ta cure de Boulogne?

— Oh! mon ami, étant jeune, j'avais toujours ambitionné une mission dans les Indes... J'étais né voyageur, moi, et je ne sais pas ce que j'aurais donné pour faire le tour du monde... autrefois, pas maintenant.

— Oui, je comprends, dit Bougainville en échangeant un coup d'œil avec ses deux compagnons, aujourd'hui, cela te dérangerait de tes habitudes... Alors, tu as voyagé?

— Mon ami, je n'ai jamais dépassé Versailles.

— Ainsi, tu ne connais pas la mer?

— Non.

— Tu n'as jamais vu un vaisseau?

— J'ai vu le coche d'Auxerre.

— C'est quelque chose; mais cela ne peut te donner qu'une idée très-imparfaite d'une frégate de soixante canons.

— Je le crois comme toi, ajouta naïvement l'abbé Rémy. Et tu dis donc que tu partis pour les îles Malouines, où le gouvernement t'avait autorisé à fonder un établissement — que tu fondas, je n'en doute pas?

— En effet... Malheureusement, les Espagnols, après la paix de Paris, firent valoir leurs droits sur ces îles; leur réclamation parut juste à la cour de France, qui les leur rendit à la condition qu'ils m'indemniseraient des frais que j'avais faits.

— Et t'ont-ils indemnisé, au moins?

— Oui, mon cher ami, ils m'ont donné un million.

— Un million?... Peste! joli denier.

Le bon abbé avait presque juré, comme on voit.

— Et, aujourd'hui, continua-t-il, tu vas?...

— Je vais au Havre.

— Pour quoi faire?... Mais, pardon, mon ami, peut-être suis-je indiscret...

— Indiscret? ah! par exemple!... Je vais au Havre pour visiter une frégate dont le roi vient de me nommer capitaine.

— Et elle s'appelle, ta frégate?...

— *La Boudeuse.*

— Ce doit être un bien beau bâtiment?

— Superbe!

L'abbé Rémy poussa un soupir.

Il était évident que le pauvre prêtre pensait au plaisir qu'il eût éprouvé, du temps qu'il était libre, à voir la mer, et à visiter une frégate.

Ce soupir amena entre Bougainville et les deux

officiers un nouvel échange de regards accompagnés d'un sourire.

Sourire et regards passèrent inaperçus du digne abbé Rémy, qui était tombé dans une si profonde rêverie, qu'il ne revint à lui que lorsque la voiture s'arrêta devant un grand hôtel.

— Ah! il paraît que nous sommes arrivés, dit-il. J'ai très-faim!

— Eh bien, nous n'attendrons pas, car le dîner doit être commandé d'avance.

— L'agréable vie que celle de capitaine de vaisseau! dit l'abbé; on reçoit des millions des Espagnols; on court la poste dans une bonne calèche, et, quand on arrive, on trouve un dîner qui vous attend!... Pauvre Marianne! elle a dîné sans moi, elle!

— Bah! dit Bougainville, une fois n'est pas coutume... Nous allons dîner sans elle, nous, et j'espère que son absence ne t'ôtera pas l'appétit.

— Oh! sois tranquille... C'est que j'ai véritablement très-faim.

— Eh bien, alors, à table! à table!

— A table! répéta gaillardement l'abbé Rémy.

*
* *

Le dîner était bon; Bougainville était un gourmet; il ne buvait que du vin de Champagne; la mode venait d'être inventée de le glacer.

Tout curé — fût-ce le curé d'une bourgade ou d'un hameau, fût-ce le desservant d'une chapelle sans paroissiens — est aussi un tant soit peu gourmet; l'abbé Rémy, si modeste qu'il fût, avait ce côté sensuel dont la nature a doté le palais des hommes d'Église. Il voulut d'abord ne boire que quelques gouttes de vin dans son eau; puis il mélangea le vin et l'eau en parties égales; puis, enfin, il se décida à boire son vin pur.

Quand Bougainville le vit arrivé à ce point, il se leva, annonçant que l'heure était venue pour lui de se présenter chez le roi, auquel il allait adresser la requête relative aux pauvres de Boulogne.

Les deux officiers devaient, pendant ce temps, tenir compagnie à l'abbé Rémy.

Comme il l'avait dit, Bougainville fut absent une heure.

Malgré les instances des officiers, le digne prêtre s'était tenu dans un état d'équilibre qui faisait honneur à sa volonté.

— Eh bien, dit-il en apercevant Bougainville, et mes pauvres?

— Ce n'est pas trois cents livres que le roi m'a données pour eux, dit Bougainville en tirant un rouleau de sa poche; c'est cinquante louis!

— Comment, cinquante louis? s'écria l'abbé Rémy tout ébouriffé de la largesse royale; douze cents livres?...

— Douze cents livres.

— Impossible!

— Les voici.

L'abbé Rémy tendit la main.

— Mais le roi me les a remises à une condition.

— Laquelle?

— C'est que tu boiras à sa santé.

— Oh! qu'à cela ne tienne!

Et il présenta son verre, sur le bord duquel Bougainville inclina le goulot de la bouteille.

— Assez! assez! dit l'abbé.

— Allons donc! reprit Bougainville, un demi-verre? Eh bien, le roi serait content s'il voyait boire à sa santé dans un verre à moitié vide!

— Le fait est, dit gaiement l'abbé Rémy, que douze cents livres, cela vaut bien un verre entier... Verse tout plein, Antoine, et à la santé du roi!

— A la santé du roi! répéta Bougainville.

— Ah! dit l'abbé Rémy en posant son verre sur la table, voilà ce qui s'appelle une véritable orgie!... Il est vrai que c'est la première que je fais, et que de longtemps je n'aurai pas l'occasion d'en faire une seconde.

— Sais-tu une chose? dit Bougainville en posant ses coudes sur la table.

— Non, répondit l'abbé Rémy, dont les yeux brillaient comme des escarboucles.

— Une chose que tu devrais faire?

— Laquelle?

— Tu m'as dit que tu n'avais jamais vu la mer?

— Jamais.

— Eh bien, tu devrais venir au Havre avec moi.

— Moi?... au Havre avec toi?... Mais tu n'y songes pas, Antoine.

— Au contraire, je ne songe qu'à cela... Un verre de vin de Champagne.

— Merci, je n'ai déjà que trop bu!

— Ah! à la santé de tes pauvres... c'est un toast que tu ne saurais refuser.

— Oui, mais une goutte.

— Une goutte! quand tu as bu le verre plein pour le roi? Ah! cela n'est pas évangélique, mon cher Rémy; Notre-Seigneur a dit : « Les premiers seront les derniers... » Un verre plein pour les pauvres de Boulogne, ou pas du tout.

— Va donc pour le verre plein, mais c'est le dernier!

Et l'abbé, bon catholique, vida aussi gaillardement son verre à la santé des pauvres qu'il l'avait vidé à la santé du roi.

— La! dit Bougainville; et, maintenant, c'est dit, nous partons pour le Havre.

— Antoine, tu es fou!

— Tu verras la mer, mon ami... et quelle mer! pas un lac, comme cette pauvre Méditerranée: l'Océan, qui enveloppe le monde!

— Ne me tente pas, malheureux!

— L'Océan, que tu avoues toi-même avoir eu envie de voir toute ta vie!

— *Vade retro, Satanas!*

— C'est l'affaire de huit jours.

— Mais tu ne sais donc pas que, si je m'absentais huit jours sans congé, je perdrais ma cure?

— J'ai prévu le cas, et, comme monseigneur l'évêque de Versailles était chez le roi, je lui ai fait signer ta permission, en lui disant que tu venais avec moi.

— Tu lui as dit cela?

— Oui.

— Et il a signé ma permission?

— La voici.

— C'est, parbleu! bien sa signature!... Bon! voilà que je jure, moi!

— Mon ami, tu es marin dans l'âme.

— Donne-moi mes cinquante louis, et laisse-moi m'en aller.

— Voici les cinquante louis; mais tu ne t'en iras pas.

— Pourquoi cela ?

— Parce que je suis autorisé par le roi à t'en remettre cinquante autres au Havre, et que tu ne seras pas assez mauvais chrétien pour priver tes pauvres — c'est-à-dire tes enfants, ton troupeau, ceux dont le Seigneur t'a donné la garde — de cinquante beaux louis d'or !

— Eh bien, s'écria l'abbé Rémy, va pour le voyage du Havre ! mais c'est uniquement pour eux que j'y consens.

Puis, s'arrêtant tout à coup :

— Mais non, dit-il avec explosion, c'est impossible !

— Comment, impossible ?

— Et Marianne !...

— Tu vas lui écrire qu'elle ne soit pas inquiète.

— Que lui dirai-je, mon ami ?

— Tu lui diras que tu as rencontré l'évêque de Versailles, et qu'il t'a donné une mission pour le Havre.

— Ce sera mentir, cela !

— Mentir pour un bon motif n'est pas péché, c'est vertu.

— Elle ne me croira pas.

— Tu lui montreras ta permission signée de l'évêque.

— Tiens, c'est vrai... Ah ! ces avocats, ces militaires, ces marins, ils ont réponse à tout.

— Voyons, veux-tu une plume, de l'encre et du papier ?

L'abbé Rémy réfléchit un instant, et sans doute se dit-il qu'un mensonge écrit était un plus gros péché qu'un mensonge de vive voix, car, tout à coup :

— Non, dit-il, j'aime mieux lui conter cela à mon retour... Mais elle me croira mort.

— Elle n'en sera que plus joyeuse de te revoir vivant !

— Alors, mon ami, ne me laisse pas le temps de la réflexion, enlève-moi !

— Rien de plus facile !

Puis, se tournant vers les deux officiers :

— Les chevaux sont attelés, n'est-ce pas ?

— Oui, capitaine.

— Eh bien, en voiture, alors !

— En voiture ! répéta l'abbé Rémy, comme un homme qui se jette tête baissée dans un péril inconnu.

— En voiture ! répétèrent gaiement les deux officiers.

***

On monta en voiture, on courut la poste toute la nuit ; le lendemain, à cinq heures du matin, on était au Havre.

Bougainville choisit lui-même la chambre que devait occuper son ami, lequel, fatigué de la route, et un peu alourdi encore du dîner de la veille, s'endormit, et ne se réveilla qu'à midi.

Juste comme il se réveillait, Bougainville entra dans sa chambre, et ouvrit les fenêtres.

L'abbé jeta un cri de surprise et d'admiration : les fenêtres donnaient sur la mer.

A un quart de lieue en rade se balançait gracieusement la *Boudeuse*, affourchée sur ses ancres.

— Oh ! demanda l'abbé Rémy, qu'est-ce que ce magnifique bâtiment?

— Mon ami, dit Bougainville, c'est la *Boudeuse*, où nous sommes attendus pour dîner,

— Comment, tu veux que je m'embarque ?

— Bon ! tu serais venu au Havre, et tu t'en retournerais sans avoir visité un bâtiment ? Mais, cher ami, c'est comme si tu allais à Rome sans voir le pape.

— C'est vrai, dit l'abbé Rémy ; mais quand revenons-nous?

— Cela te regarde... après dîner, quand tu voudras... Tu donneras tes ordres; c'est toi qui seras capitaine à mon bord.

— Eh bien, partons plus tôt que plus tard... Nous avons mis quatorze heures pour venir ; mais je mettrai bien cinq ou six jours pour m'en aller.

12

— Que t'importe, puisque tu as permission pour une semaine?

— Je sais bien; mais, vois-tu, c'est Marianne...

— Te figures-tu les cris de joie qu'elle poussera en te revoyant?

— Tu crois que ce seront des cris de joie?

— Mordieu! je l'espère bien!

— Moi aussi, je l'espère, dit l'abbé d'un air qui prouvait qu'il y avait dans son esprit plus de doute que d'espérance.

Puis, en homme qui a jeté son bonnet par-dessus les moulins:

— Allons, allons, dit-il, à la frégate!

Bougainville semblait être servi par des génies, et ces génies semblaient obéir à l'abbé Rémy. De même que, lorsque celui-ci avait crié: « Au Havre! » il avait trouvé la calèche tout attelée, de même en criant: « A la frégate! » il trouva la yole du capitaine toute parée.

Il descendit dans la barque, s'assit près de Bougainville, qui prit le gouvernail. Douze matelots attendaient, les rames levées.

Bougainville fit un signe; les douzes rames retombèrent, battant l'eau d'un mouvement si égal, qu'elles ne frappèrent qu'un seul coup.

La yole volait sur la mer comme ces araignées des eaux qui glissent sur leurs longues pattes.

En moins de dix minutes, on était à bord.

Il va sans dire que cette merveille maritime qu'on appelle une frégate éveilla au plus haut degré l'enthousiasme du bon abbé Rémy ; il demanda à Bougainville le nom de chaque mât, de chaque vergue, de chaque agrès.

De voiles, il n'en était point question : toutes étaient carguées.

Au milieu de la nomenclature des différentes pièces qui composent un bâtiment, on vint prévenir le capitaine qu'il était servi.

L'abbé et lui descendirent dans la salle à manger.

La salle à manger pouvait le disputer en commodité et en élégance à celle du plus riche château des environs de Paris.

L'abbé marchait d'étonnement en étonnement.

Par bonheur, quoiqu'on fût au 15 novembre, la mer était magnifique : il faisait une de ces belles journées d'automne qui semblent un adieu envoyé à la terre par ce soleil d'été que l'on ne reverra que dans six mois.

L'abbé Rémy n'avait pas le moindre mal de mer, ce qui lui valut les félicitations des officiers supérieurs admis à la table du capitaine, et celles du capitaine lui-même.

Cependant, vers le milieu du dîner, il lui sembla que le mouvement de la frégate augmentait.

Bougainville répondit que c'était le reflux, et se

livra à l'exposé d'une savante théorie sur les marées.

L'abbé Rémy écouta avec la plus grande attention et le plus vif plaisir la dissertation scientifique de son ami, et, comme il n'était pas étranger aux sciences physiques, il fit, de son côté, des observations qui parurent ravir en admiration les officiers.

Le dîner se prolongea plus longtemps que les convives ne le croyaient eux-mêmes.

Rien ne trompe sur la durée des heures comme une conversation intéressante arrosée de bon vin.

Puis arriva le café, ce doux nectar pour lequel l'abbé Rémy avouait sa prédilection.

Celui du capitaine Bougainville offrait un si savant et si heureux mélange de moka et de martinique, qu'en le sirotant à petites gorgées, l'abbé Rémy déclara n'en avoir jamais pris de pareil.

Puis, après le café, vinrent les liqueurs, ces fameuses liqueurs de madame Anfoux, qui faisaient les délices des gourmets de la fin du dernier siècle.

Enfin, les liqueurs savourées, l'abbé Rémy proposa de remonter sur le pont.

Bougainville ne fit aucune opposition à ce désir; seulement, il fut obligé, dans l'escalier, de donner le bras à son ami, lequel attribuait naïvement son défaut d'équilibre au vin de Champagne, au café moka et aux liqueurs de madame Anfoux.

La frégate marchait bâbord amures, le cap au nord-nord-ouest, ayant le vent grand largue, toutes voiles dehors, des bonnettes basses aux bonnettes de perroquet.

Il n'y avait pas jusqu'aux voiles d'étai qui ne fussent déployées.

On pouvait filer onze nœuds à l'heure!

Le premier sentiment du bon abbé fut tout à l'admiration que lui causait ce chef-d'œuvre d'architecture maritime endimanché de toutes ses voiles.

Puis il s'aperçut que la frégate marchait.

Puis il regarda autour de lui.

Puis il poussa un cri de terreur.

La terre de France n'apparaissait plus que comme un nuage à l'horizon...

Il regarda Bougainville d'un air qui contenait toute la gamme des reproches que peut faire à un ami la confiance trompée.

— Mon cher, lui dit Bougainville, j'ai eu tant de bonheur à te revoir, toi, mon plus ancien et mon plus cher camarade, que j'ai résolu que nous ne nous quitterions que le plus tard possible... Il me fallait un aumônier à bord de ma frégate; j'ai demandé pour toi cette place à Sa Majesté, qui t'a fait la grâce de te l'accorder avec mille écus d'appointements... Voici ton diplôme.

L'abbé Rémy jeta un regard effaré sur sa nomination.

— Mais, dit-il, où allons-nous ?

— Faire le tour du monde, mon cher !

— Et combien de temps cela peut-il demander, de faire le tour du monde?

— Oh ! de trois ans à trois ans et demi tout au plus... Mais compte plutôt trois ans et demi que trois ans.

L'abbé se laissa tomber anéanti sur le banc de quart.

— Oh ! murmura-t-il, je n'oserai jamais me représenter devant Marianne !...

— Je te promets de te reconduire jusqu'au presbytère, et de faire ta paix avec elle, dit Bougainville.

*
* *

Le 15 mai 1770, la frégate la *Boudeuse* rentrait dans le port de Saint-Malo.

Il y avait juste trois ans et demi qu'elle avait quitté le Havre ; Bougainville ne s'était pas trompé d'un jour.

Dans l'intervalle, elle avait fait le tour-du monde.

Dieu seul sait ce qui se passa dans la première entrevue qui eut lieu entre l'abbé Rémy et Marianne!

A PROPOS D'UN PETIT MALHEUR.

Je vais, maintenant, vous raconter une petite histoire que je racontais l'autre jour à l'un de mes amis.

Mais, d'abord, je dois vous dire à quelle occasion je lui racontais cette histoire, attendu que l'occasion seule lui donne du prix, et qu'autrement, ce serait une histoire comme toutes les histoires.

J'avais un procès, quoique je sois l'homme le

moins processif du monde; — un procès avec un éditeur au sujet d'une contrefaçon de mes œuvres.

Bon! un éditeur belge! allez-vous dire.

Eh bien, non : un éditeur français, un éditeur parisien!

C'était peut-être l'originalité de la chose qui m'avait engagé à faire le procès.

Je l'avais gagné en première instance : en première instance, il m'avait été alloué cent quatorze mille francs de dommages-intérêts.

Mes adversaires étaient allés en appel.

En appel, le procureur impérial avait demandé quelque chose, je crois, comme deux cent cinquante mille francs de dommages-intérêts.

On attendait le jugement du tribunal, mes amis à l'audience, moi travaillant comme d'habitude chez moi.

A trois heures, un messager entre, bras pendants, figure triste, nez allongé.

— Ah! ah! fis-je en levant la tête de dessus mon papier, perdu, à ce qu'il paraît?

— A peu près.

— Tout à fait?

— Non : il vous est accordé vingt-cinq mille francs de dommages-intérêts, au lieu des cent quatorze mille que vous donnait le jugement de première instance, et des deux cent cinquante mille que demandait pour vous le procureur impérial.

— Ah ! fis-je.

Mon messager crut que je soupirais.

Je respirais ; après avoir respiré, je me remis à travailler.

Je ne demandais qu'une chose : c'était, non pas que mon procès fût gagné, mais que mon procès fût fini.

— O grand philosophe ! me dit mon messager.

— Ne m'avez-vous pas apporté hier un album ? lui demandai-je.

— Oui ; mais je n'irai pas vous prier d'y mettre quelque chose en ce moment.

— Pourquoi donc cela ? Au contraire : j'y vais mettre une petite histoire. Où est-il, votre album ?

— Le voici.

Je pris la plume et j'écrivis sur l'album le petit conte que l'on va lire, et que m'avait fait traduire autrefois, je ne sais plus de qui, mon ami de la Ponce, qui s'était constitué de son autorité privée mon professeur d'allemand.

Il va sans dire que de la Ponce en fut pour ses frais.

Cependant, comme on va le voir, ce conte était resté dans ma mémoire, quoiqu'il y eût quelque chose comme trente-cinq ans que je n'y eusse songé.

NICOLAS LE PHILOSOPHE.

Après avoir servi son maître pendant sept ans, Nicolas lui dit :

— Maître, j'ai fait mon temps, je voudrais bien retourner près de ma mère ; donnez-moi mes gages.

— Tu m'as servi fidèlement comme intelligence et probité, répondit le maître de Nicolas ; la récompense sera en rapport avec le service.

Et il lui donna un lingot d'or, qui pouvait bien peser cinq ou six livres.

Nicolas tira son mouchoir de sa poche, y enveloppa le lingot, le chargea sur son épaule et se mit en route pour la maison paternelle.

En cheminant et en mettant toujours une jambe devant l'autre, il finit par croiser un cavalier qui venait à lui, joyeux et frais, et monté sur un beau cheval.

— Oh ! dit tout haut Nicolas, la belle chose que d'avoir un cheval ! on monte dessus, on est dans sa selle comme sur un fauteuil, on avance sans s'en apercevoir, et l'on n'use pas ses souliers.

Le cavalier, qui l'avait entendu, lui cria :

— Hé ! Nicolas, pourquoi vas-tu donc à pied ?

— Ah ! ne m'en parlez point, répondit Nicolas ;

ça me fait d'autant plus de peine, que j'ai là, sur l'épaule, un lingot d'or qui me pèse tellement, que je ne sais à quoi tient que je ne le jette dans le fossé.

— Veux-tu faire un échange? demanda le cavalier.

— Lequel? fit Nicolas.

— Je te donne mon cheval, donne-moi ton lingot d'or.

— De tout mon cœur, dit Nicolas; mais, je vous préviens, il est lourd en diable.

— Bon! ce n'est point là ce qui empêchera le marché de se faire, dit le cavalier.

Et il descendit de son cheval, prit le lingot d'or, aida Nicolas à monter sur la bête et lui mit la bride en main.

— Quand tu voudras aller doucement, dit le cavalier, tu tireras la bride à toi en disant: « Oh! » quand tu voudras aller vite, tu lâcheras la bride en disant: « Hop! »

Le cavalier, devenu piéton, s'en alla avec son lingot; Nicolas, devenu cavalier, continua son chemin avec son cheval.

Nicolas ne se possédait pas de joie en se sentant si carrément assis sur sa selle; il alla d'abord au pas, car il était assez médiocre cavalier, puis au trot, puis il s'enhardit et pensa qu'il n'y aurait pas de mal à faire un petit temps de galop.

Il lâcha donc la bride et fit clapper sa langue en criant :

— Hop ! hop !

Le cheval fit un bond, et Nicolas roula à dix pas de lui.

Puis, débarrassé de son cavalier, le cheval partit à fond de train, et Dieu sait où il se fût arrêté, si un paysan qui conduisait une vache ne lui eût barré le chemin.

Nicolas se releva, et, tout froissé, se mit à courir après le cheval, que le paysan tenait par la bride; mais, tout triste de sa déconfiture, il dit au brave homme :

— Merci, mon ami ; mais c'est une sotte chose que d'aller à cheval, surtout quand on a une rosse comme celle-ci, qui rue, et, en ruant, vous démonte son homme de manière à lui casser le cou. Quant à moi, je sais bien une chose, c'est que jamais je ne remonterai dessus. Ah ! continua Nicolas avec un soupir, j'aimerais bien mieux une vache ; on la suit à son aise par derrière, et l'on a, en outre, son lait par-dessus le marché, sans compter le beurre et le fromage. Foi de Nicolas, je donnerais bien des choses pour avoir une vache comme la vôtre.

— Eh bien, dit le paysan, puisqu'elle vous plaît tant, prenez-la ; je consens à l'échanger contre votre cheval.

Nicolas fut transporté de joie : il prit la vache par son licol ; le paysan enfourcha le cheval et disparut.

Et Nicolas se remit en route, chassant la vache devant lui, et songeant à l'admirable marché qu'il venait de faire.

Il arriva à une auberge, et, dans sa joie, il mangea tout ce qu'il avait emporté de chez son maître, c'est-à-dire un excellent morceau de pain et de fromage ; puis, comme il avait deux liards dans sa poche, il se fit servir un demi-verre de bière et continua de conduire sa vache du côté de son village natal.

Vers midi, la chaleur devint étouffante, et, juste en ce moment, Nicolas se trouvait au milieu d'une lande qui avait bien encore deux lieues de longueur.

La chaleur était si insupportable, que le pauvre Nicolas en tirait la langue de trois pouces hors de la bouche.

— Il y a un remède à cela, se dit Nicolas : je vais traire ma vache et me régaler de lait.

Il attacha la vache à un arbre desséché, et, comme il n'avait pas de seau, il posa à terre son bonnet de cuir ; mais, quelque peine qu'il se donnât, il ne put faire sortir une goutte de lait de la mamelle de la bête.

Ce n'était pas que la vache n'eût point de lait,

mais Nicolas s'y prenait mal, si mal, que la bête rua, comme on dit, en *vache*, et, d'un de ses pieds de derrière, lui donna un tel coup à la tête, qu'elle le renversa, et qu'il fut quelque temps à rouler à droite et à gauche, sans parvenir à se remettre sur ses pieds.

Par bonheur, un charcutier vint à passer avec sa charrette, où il y avait un porc.

— Eh! eh! demanda le charcutier, qu'y a-t-il donc, mon ami ? es-tu ivre ?

— Non pas, dit Nicolas, au contraire, je meurs de soif.

— Cela ne serait pas une raison ; nul n'est plus altéré qu'un ivrogne; au reste, et à tout hasard, mon pauvre garçon, bois un coup.

Il aida Nicolas à se remettre sur ses pieds et lui présenta sa gourde.

Nicolas l'approcha de sa bouche et y but une large gorgée.

Puis, ayant repris ses sens :

— Voulez-vous me dire, demanda-t-il au charcutier, pourquoi ma vache ne donne pas de lait ?

Le charcutier se garda bien de lui dire que c'était parce qu'il ne savait point la traire.

— Ta vache est vieille, lui dit-il, et n'est plus bonne à rien.

— Pas même à tuer? demanda Nicolas.

— Qui diable veux-tu qui mange de la vieille vache? autant manger de la vache enragée!

— Ah! dit Nicolas, si j'avais un joli petit porc comme celui-ci, à la bonne heure, cela est bon depuis les pieds jusqu'à la tête : avec la chair, on fait du salé; avec les entrailles, on fait des andouillettes; avec le sang, on fait du boudin.

— Écoute, dit le charcutier, pour t'obliger, — mais c'est purement et simplement pour t'obliger, — je te donnerai, mon porc, si tu veux me donner ta vache.

— Que Dieu te récompense, brave homme! dit Nicolas.

Et, remettant sa vache au charcutier, il descendit le porc de la charrette et prit le bout de la corde pour le conduire.

Nicolas continua sa route en songeant combien tout allait selon ses désirs.

Il n'avait pas fait cinq cents pas, qu'un jeune garçon le rattrape. Celui-ci portait sous son bras une oie grasse.

Pour passer le temps, Nicolas commença à parler de son bonheur et des échanges favorables qu'il avait faits.

De son côté, le jeune garçon lui raconta qu'il portait son oie pour un festin de baptême.

— Pèse-moi cela par le cou, dit-il à Nicolas. Hein! est-ce lourd! Il est vrai que voilà huit semaines qu'on l'engraisse avec des châtaignes. Celui qui mordra là dedans devra s'essuyer la graisse des deux côtés du menton.

— Oui, dit Nicolas en la soupesant d'une main, elle a son poids ; mais mon cochon pèse bien vingt oies comme la tienne.

Le jeune garçon regarda de tous côtés d'un air pensif et en secouant la tête.

— Écoute, dit-il à Nicolas, je ne te connais que depuis dix minutes, mais tu m'as l'air d'un brave garçon ; il faut que tu saches une chose, c'est qu'il se pourrait qu'à l'endroit de ton cochon, tout ne fût pas bien en ordre : dans le village que je viens de traverser, on en a volé un au percepteur. Je crains fort que ce ne soit justement celui que tu mènes. Ils ont requis la maréchaussée et envoyé des gens pour poursuivre le voleur, et, tu comprends, ce serait une mauvaise affaire pour toi si l'on te trouvait conduisant ce cochon. Le moins qu'il pût t'arriver, ce serait d'être conduit en prison jusqu'au moment où l'affaire serait éclaircie.

A ces mots, la peur saisit Nicolas.

— Jésus Dieu ! dit-il, tire-moi de ce mauvais pas, mon garçon ; tu connais ce pays que j'ai quitté depuis quinze ans, de sorte que tu as plus de défense que moi. Donne-moi ton oie et prends mon cochon.

— Diable ! fit le jeune garçon, je joue gros jeu ;

mais je ne puis cependant laisser un camarade dans l'embarras.

Et, donnant son oie à Nicolas, il prit le cochon par la corde, et se jeta avec lui dans un chemin de traverse.

Nicolas continua sa route, débarrassé de ses craintes, et portant gaiement son oie sous son bras.

— En y réfléchissant bien, se disait-il, je viens, outre la crainte dont je suis débarrassé, de faire un marché excellent. D'abord, voilà une oie qui va me donner un rôti délicieux, et qui, tout en rôtissant, me donnera une masse de graisse avec laquelle je ferai des tartines pendant trois mois, sans compter les plumes blanches qui me confectionneront un bon oreiller, sur lequel, dès demain soir, je vais dormir sans être bercé. Oh ! c'est ma mère qui sera contente, elle qui aime tant l'oie !

Il achevait à peine ces paroles, qu'il se trouva côte à côte avec un homme qui tenait un objet enfermé dans sa cravate, qu'il tenait pendue à la main.

Cet objet gigottait de telle façon et imprimait à la cravate de tels balancements, qu'il était évident que c'était un animal vivant, et que cet animal regrettait fort sa liberté.

— Qu'avez-vous donc là, compagnon ? demanda Nicolas.

— Où là ? fit le voyageur.

— Dans votre cravate.

— Oh ! ce n'est rien, répondit le voyageur en riant.

Puis, regardant autour de lui pour voir si personne n'était à portée d'entendre ce qu'il allait dire :

— C'est une perdrix que je viens de prendre au collet, dit-il ; seulement, je suis arrivé à temps pour la prendre vivante. Et vous, que portez-vous là ?

— Vous le voyez bien, c'est une oie, et une belle, j'espère.

Et, tout fier de son oie, il la montra au braconnier.

Celui-ci regarda l'oie d'un air de dédain, la prit et la flaira.

— Hum ! dit-il, quand comptez-vous la manger ?

— Demain soir, avec ma mère.

— Bien du plaisir ! dit en riant le braconnier.

— Je m'en promets, en effet, du plaisir ; mais pourquoi riez-vous ?

— Je ris, parce que votre oie est bonne à manger aujourd'hui, et encore, encore, en supposant que vous aimiez les oies faisandées.

— Diable ! vous croyez ? fit Nicolas.

— Mon cher ami, sachez cela pour votre gouverne : quand on achète une oie, on l'achète vivante; de cette façon-là, on la tue quand on veut, et on la mange quand il convient. Croyez-moi : si vous voulez tirer de votre oie un parti quelconque, faites-la rôtir à la première auberge que vous rencontrerez sur votre route, et mangez-la jusqu'au dernier morceau.

— Non, dit Nicolas; mais faisons mieux : prenez mon oie qui est morte, et donnez-moi votre perdrix qui est vivante : je la tuerai demain matin, et elle sera bonne à manger demain soir.

— Un autre te demanderait du retour; mais, moi, je suis bon compagnon ; quoique ma perdrix soit vivante et que ton oie soit morte, je te la donne troc pour troc.

Nicolas prit la perdrix, la mit dans son mouchoir, qu'il noua par les quatre coins, et, pressé d'arriver le plus tôt possible, il laissa son compagnon entrer dans une auberge pour y manger son oie, et continua sa route à travers le village.

Au bout du village, il trouva un rémouleur.

Le rémouleur chantait, tout en repassant des couteaux et des ciseaux, le premier couplet d'une chanson que connaissait Nicolas.

Nicolas s'arrêta et se mit à chanter le second couplet.

Le rémouleur chanta le troisième.

— Bon ! lui dit Nicolas, du moment où vous êtes gai, c'est que vous êtes content.

— Ma foi, oui! répondit le rémouleur; le métier va bien, et, chaque fois que je mets la main à la pierre, il en tombe une pièce d'argent. Mais que portez-vous donc là qui frétille ainsi dans votre cravate?

— C'est une perdrix vivante.

— Ah!... Où l'avez-vous prise?

— Je ne l'ai pas prise, je l'ai eue en échange d'une oie.

— Et l'oie?

— Je l'avais eue en échange d'un cochon.

— Et le cochon?

— Je l'avais eu en échange d'une vache.

— Et la vache?

— Je l'avais eue en échange d'un cheval.

— Et le cheval?

— Je l'avais eu en échange d'un lingot d'or.

— Et ce lingot d'or?

— C'était le prix de mes sept années de service.

— Peste! vous avez toujours su vous tirer d'affaire!

— Oui, jusqu'aujourd'hui, cela a assez bien marché; seulement, une fois rentré chez ma mère, il me faudrait un état dans le genre du vôtre.

— Ah! en effet, c'est un crâne état.

— Est-il bien difficile?

— Vous voyez: il n'y a qu'à faire tourner la

meule et en approcher les couteaux ou les ciseaux qu'on veut affûter.

— Oui; mais il faut une pierre.

— Tenez, dit le rémouleur en poussant une vieille meule du pied, en voilà une qui a rapporté plus d'argent qu'elle ne pèse, et cependant elle pèse lourd!

— Et ça coûte cher, n'est-ce pas, une pierre comme celle-là?

— Dame, assez cher, fit le rémouleur; mais, moi, je suis bon garçon : donnez-moi votre perdrix, je vous donnerai ma meule. Ça vous va t-il?

— Parbleu! est-ce que cela se demande? dit Nicolas; puisque j'aurai de l'argent chaque fois que je mettrai la main à la pierre, de quoi m'inquiéterais-je maintenant?

Et il donna sa perdrix au rémouleur, et prit la vieille meule que l'autre avait mise au rebut.

Puis, la pierre sous le bras, il partit, le cœur plein de joie et les yeux brillant de satisfaction.

— Il faut que je sois né coiffé! dit Nicolas; je n'ai qu'à souhaiter pour que mon souhait soit exaucé!

Cependant, après avoir fait une lieue ou deux, comme il était en marche depuis le point du jour, il commença, alourdi par le poids de la meule, à se sentir très-fatigué; la faim aussi le tourmentait, ayant mangé le matin ses provisions de toute la journée, tant sa joie était grande, on se le rappelle, d'avoir troqué sa vache pour un cheval! A la fin, la fatigue prit tellement le dessus, que, de dix pas en dix pas, il était forcé de s'arrêter; la meule aussi lui pesait de plus en plus, car elle semblait s'alourdir au fur et à mesure que ses forces diminuaient.

Il arriva, en marchant comme une tortue, au bord d'une fontaine où bouillonnait une eau aussi limpide que le ciel qu'elle reflétait; c'était une source dont on ne voyait pas le fond.

— Allons, s'écria Nicolas, il est dit que j'aurai de la chance jusqu'au bout; au moment où j'allais mourir de soif, voilà une fontaine!

Et, posant sa meule au bord de la source, Nicolas se mit à plat ventre, et but à sa soif pendant cinq minutes.

Mais, en se relevant, le genou lui glissa; il voulut se retenir à la meule, et, en se retenant, il poussa la pierre, qui tomba à l'eau et disparut dans les profondeurs de la source.

— En vérité! dit Nicolas demeurant un instant à genoux pour prononcer son action de grâce, le bon Dieu est réellement bien bon de m'avoir débarrassé de cette lourde et maussade pierre, sans que j'aie le plus petit reproche à me faire.

Et, allégé de tout fardeau, les mains et les poches vides, mais le cœur joyeux, il reprit, tout courant, le chemin de la maison de sa mère.

*
* *

Voilà mon histoire ou mon conte, cher lecteur; je la ou le dédie à mon ami Noël Parfait, proscrit, à Bruxelles.

Bien entendu qu'il est, comme moi, de l'école de Nicolas le philosophe.

FIN.

TABLE DES MATIÈRES.

—

FIN DE LA TABLE.

OUVRAGES PARUS OU A PARAITRE :

LE COCHON DE SAINT-ANTOINE, *par Charles Hugo* . . . . 3 vol.
VOYAGE EN ABYSSINIE, *par A. Vayssières* . . . 2 »
LE BOSSU, *par Paul Féval* . . . . 6 »
LES RUINES DE PARIS, *par Ch. Monselet* . . . . 2 »
LES GENTLEMEN DE GRANDS CHEMINS, *par Marie Aycard* . . . . 2 »
CE QU'ON A DIT DES ENFANTS, *par E. Deschanel* 1 »
LA SUCCESSION LE CAMUS, *par Champfleury*. . 3 »
LES CHAUFFEURS, *par Élie Berthet*. . . . . 5 »
LES PROPOS AMOUREUX, *par Champfleury*. . . 1 »
CONFESSIONS DE SYLVIUS (*la Bohême amoureuse*), *par le même*. . . . . 1 »
HISTOIRE DE RICHARD LOYAUTÉ ET DE LA BELLE SOUBISE, *par le même*. . . . . 1 »
LES DETTES DE COEUR, *par A. Maquet*. . . . . . 2 »
LES FEMMES DANS LES TEMPS ANCIENS, *par Jules Baissac* . . . . 1 »
AVATAR, *par Théophile Gautier*. . . . . 1 »
LA JETTATURA, *par le même*. . . . . 1 »
CHARLES LE TÉMÉRAIRE, *par Alexandre Dumas* 2 »
SCÈNES PARISIENNES, *par H. Monnier*. . . . . . 1 »
LES PETITES GENS, *par le même*. . . . . 1 »
HISTOIRE DE LA CONVERSATION, *par Émile Deschanel*. . . . . 1 »
HISTOIRE D'UN HOMME ENRHUMÉ, *par Stahl*. 1 »
ESPRIT DE CHAMFORT, *par P.-J. Stahl*. . . . . 1 »
HISTOIRE D'ATELIER, *par Edmond About* . . . 1 »
DICTIONNAIRE DES VICES ET DES DÉFAUTS DES FEMMES, *par Larcher*. . . . . 1 »
ANTHOLOGIE FÉMININE, *par le même*. . . . . . 1 »
HISTOIRE DU DIABLE, *par A. Morel*. . . . . . . 3 »
LA LOUVE, *par Paul Féval* . . . . 4 »
HISTOIRE DE MES BÊTES, *par Alex. Dumas*. . . 2 »
SÉRAPHINA D'ARISPE, *par A. de Bréhat* . . . . 1 »

BRUXELLES. — TYP. DE J. VANBUGGENHOUDT, RUE DE SCHAERBEEK, 12.

www.ingramcontent.com/pod-product-compliance
Lightning Source LLC
Chambersburg PA
CBHW070605100426
42744CB00006B/405
9782011861382